〈第3版〉

消費税の誤りやすい届出・申請手続の実務対応

失敗事例から学ぶトラブル回避の対処法

税理士
竹内 綱敏 著

税務研究会出版局

第3版　改訂にあたって

　2019年（令和元年）10月1日から消費税率が10％に引き上げられます。同時に、わが国で初めて消費税の税率が複数となる軽減税率（複数税率）制度が導入されます。

　これまで2015年（平成27年）10月、2017年（平成29年）4月の2度にわたり、先送りされた消費税率引上げと大幅な制度変更が、いよいよスタートすることになります。

　わが国では、1989年（平成元年）4月1日の消費税導入以来、単一の税率といわゆる日本型帳簿方式（請求書等保存方式）と呼ばれる独自の制度により30年余りの間、消費税の計算・申告が行われてきました。平成の幕開けとともに導入された消費税は、令和の幕開けとともに大きな制度変更が行われることになります。

　2019年（令和元年）10月1日から適用される軽減税率（複数税率）制度については、飲食料品の販売（売上）がない事業者も、仕入れや経費には軽減税率対象品目が出てきます。加えて、仕入税額控除要件の見直しについては、全ての事業者が新たな制度への対応をする必要が出てきます。

　初版以来の本書のコンセプトは、「消費税の届出・申請手続きのミスやトラブルを未然に防止するためには、実務における過去の失敗事例から学ぶべきである」という発想にあります。また、本書では税務実務に従事する者が初心者であっても、消費税の届出・申請手続きを体系的に理解が出来るように、第1編で各届出書・申請書の「制度のあらまし」を説明した上で、第2編では「実務で誤りやすい事例」をテーマ別に厳選し、なるべく平易で具体的な解説を心がけました。また、Check Point! や One Point Advice! によりミスを防止するための留意点や、ミ

改訂に当たって

スが発生した場合の対処法としては、どのようにすべきかを記載しています。第3編では、実務で多く使用される「届出書・申請書の様式と記入すべき事項」を掲載しています。

　上記のコンセプトにより執筆した本書は、幸いにも初版・第2版とも多くの読者を得ることができ、今回第3版を発行することとなりました。

　今回の改訂の主たる目的は、次の2点です。

　1つは、上記の消費税率の引上げと仕入税額控除方式の変更に伴う消費税法の改正（届出・申請手続きに関する事項）に関連し、新規項目を追加・解説を加えています。具体的には、第1編PART Ⅰで軽減税率制度の概要と、「区分記載請求書等保存方式」「適格請求書等保存方式（インボイス制度）」の概要を解説します。従前の制度と新制度は、何がどのように変わるのか、それらの段階的導入（移行）スケジュールと届出・申請の留意点についても説明しています。

　もう1つは、第2版までで説明が不足している点について、あらたに解説に反映させ、その内容の充実を図ることとしました。

　第3版では、上記の2点を中心に解説をより詳しくするとともに、図や表を多く用いて内容が理解しやすいように心がけました。本書を有効活用して頂き、読者の方々の消費税の届出・申請手続きに関する適正な実務対応の一助となれば幸いです。

　最後に、第2版以降、今回の改訂にあたっても、税務研究会出版局の下山　瞳さんには、大変お世話になりました。記して謝意を表する次第です。

　　令和元年8月

　　　　　　　　　　　　　　　　　　　　竹内　綱敏

はしがき（初版）

　平成26年４月１日より、消費税率が平成９年の税率改定以来17年ぶり
に引き上げられました。社会保障と税の一体改革により、今後も消費税
は安定財源確保と財政健全化の同時達成を目指して重要な役割を果たす
ことが期待されています。

　他方で、課税実務の現場においては、従来から消費税には多くの届出
書・申請書があるため、税の専門家である税理士でさえ、提出の失念や
提出時期の誤り・記載内容の勘違い等の手続ミスで、例えば、還付され
るべき消費税が戻らない等といった納税者に不測の損害を与える事例が
散見されました。さらには、こうした消費税の届出・申請手続のミスか
ら関与先である納税者とトラブルになり、税理士が顧問契約を解除され
たり、損害賠償責任を問われる事態にまで発展するケースもあるようで
す。

　ここ数年の消費税法の改正をみても、基準期間の課税売上高による納
税義務の判定に加えて、特定期間の課税売上高による納税義務の判定、
調整対象固定資産の取得に伴う３年間の課税事業者としての申告義務付
け等、届出書・申請書の提出に関係する手続規定は年々複雑になってい
ます。さらに、今般の消費税率の引上げにより、消費税法上の手続規定
の不知・誤解による判断ミスが発生した場合のリスクは、従来とは比較
にならないほど大きくなっているものと思われます。

　こうした状況を踏まえて、本書では過去のトラブル事例や判例・裁決
等の具体例を題材に、消費税の誤りやすい届出書・申請書の手続に焦点
を絞って、提出すべき書類の様式や記載事項を含めた実務上の留意点を、
できるだけ詳しく、かつ平易に解説しています。

　消費税率の引上げに伴い、課税実務においてますます重要性が高くな

はしがき

った消費税。本書が、「知らなかった！」では済ますことができない消費税の届出書・申請書の手続きミスを未然に防ぐための一助となれば幸いです。

　最後に、本書の出版にあたり、税理士の田部純一氏には詳細な校正と内容についての貴重なご意見・ご指摘を頂きました。また、税務研究会出版局の奥田守氏には企画段階から、構成・体裁等に関するアドバイスを頂き、編集についても大変お世話になりました。この紙面を借りて両氏に、心から感謝とお礼を申し上げます。

　　平成26年10月

竹内　綱敏

目　次

序　本書の目的と構成

本書の目的と構成 ……………………………………………………………… 2

第1編　制度のあらまし

PART Ⅰ　軽減税率制度と仕入税額控除の改正の概要 ……… 6

1. 軽減税率制度で仕入税額控除が変わる（改正のあらまし）…… 6
2. 区分記載請求書等保存方式と適格請求書等保存方式とは …… 9

PART Ⅱ　届出書・申請書の概要と留意事項 ……………………… 21

1.【消費税課税事業者届出書（基準期間用)】とは
　（第3－(1)号様式）……………………………………………… 21
2.【消費税課税事業者届出書（特定期間用)】とは
　（第3－(2)号様式）……………………………………………… 25
3.【消費税の新設法人に該当する旨の届出書】とは
　（第10－(2)号様式）…………………………………………… 30
4.【消費税の特定新規設立法人に該当する旨の届出書】とは
　（第10－(3)号様式）…………………………………………… 33
5.【高額特定資産の取得に係る課税事業者である旨の
　届出書】とは（第5－(2)号様式）……………………………… 35
6.【消費税の納税義務者でなくなった旨の届出書】とは
　（第5号様式）…………………………………………………… 38

目　次

7. 【消費税課税事業者選択届出書】とは

（第1号様式）……………………………………………………………… 40

8. 【消費税課税事業者選択不適用届出書】とは

（第2号様式）……………………………………………………………… 45

9. 【消費税課税事業者選択（不適用）届出に係る特例承認申

請書】とは

（第33号様式）…………………………………………………………… 47

10. 【消費税簡易課税制度選択届出書】とは

（第1号様式（従前の第24号様式））………………………………… 49

11. 【消費税簡易課税制度選択不適用届出書】とは

（第25号様式）…………………………………………………………… 53

12. 【消費税簡易課税制度選択（不適用）届出に係る特例承認

申請書】とは

（第34号様式）…………………………………………………………… 55

13. 【災害等による消費税簡易課税制度選択（不適用）届出に

係る特例承認申請書】とは

（第35号様式）…………………………………………………………… 56

14. 【消費税課税期間特例選択・変更届出書】とは

（第13号様式）…………………………………………………………… 58

15. 【消費税課税期間特例選択不適用届出書】とは

（第14号様式）…………………………………………………………… 60

16. 【消費税課税売上割合に準ずる割合の適用承認申請書】とは

（第22号様式）…………………………………………………………… 62

17. 【消費税課税売上割合に準ずる割合の不適用届出書】とは

（第23号様式）…………………………………………………………… 65

第2編　事例検討（ケース・スタディ）

PART Ⅰ　実務で誤りやすい事例検討（その1）
納税義務の判定や課税事業者・簡易課税の選択の事例 ········· 68

〔事例1〕法人の基準期間（設立初年度）の課税売上高による

納税義務の判定 ··· 68

〔事例2〕個人事業者の新規開業適用要件の該当性 ····················· 71

〔事例3〕新設法人の特例適用要件の該当性（増資の場合）

～設立事業年度中に増資をした場合の納税義務の判定～ ········· 73

〔事例4〕新設法人の特例適用要件の該当性（減資の場合）

～設立事業年度中に減資をした場合の納税義務の判定～ ········· 76

〔事例5〕過去に提出された「簡易課税制度選択届出書」の効力

··· 77

〔事例6〕簡易課税制度の継続適用義務 ······························· 80

〔事例7〕新たに設立された法人の「課税事業者選択届出書」

の適用開始時期の誤記入 ··· 85

〔事例8〕新設法人の第3期目の納税義務 ······························· 87

〔事例9〕3年間の休業後に、事業を再開した場合の納税義務 ··· 90

〔事例10〕「簡易課税制度選択届出書」の提出失念 ····················· 93

〔事例11〕「課税事業者選択届出書」の提出失念 ······················· 98

〔事例12〕「簡易課税制度選択届出書」の誤提出 ······················· 101

〔事例13〕「課税事業者選択届出書」の誤提出 ························· 103

〔事例14〕「簡易課税制度選択不適用届出書」の提出失念 ··········· 106

〔事例15〕「簡易課税制度選択不適用届出書」の提出期限の特例

··· 108

vii

目　　次

〔事例16〕単発の土地の譲渡があった場合の「課税売上割合に
　　準ずる割合の適用承認申請書」の提出失念 ……………………… 111
〔事例17〕消費税の各種「選択」届出書の提出期限と国税通則法
　　第10条第2項との関係 ……………………………………………… 115

PART Ⅱ　実務で誤りやすい事例検討（その2）
相続や合併等による事業承継の事例 ……………………………………… 122

〔事例1〕免税事業者が相続で課税事業者の事業を承継した場
　　合の納税義務（その1）～相続があった年の納税義務～ …… 122
〔事例2〕免税事業者が相続で課税事業者の事業を引き継いだ
　　場合の納税義務（その2）～相続のあった年の翌年及び翌々
　　年の納税義務～ …………………………………………………… 126
〔事例3〕相続があった翌年に、相続発生前に販売した商品の
　　返品があった場合 ………………………………………………… 129
〔事例4〕被相続人の事業を分割して相続人が承継した場合 …… 131
〔事例5〕免税事業者が、課税事業者から資産を遺贈で取得し
　　た場合の納税義務 ………………………………………………… 133
〔事例6〕相続による「課税事業者選択届出書」の効力 ………… 135
〔事例7〕相続による「簡易課税制度選択届出書」の失念 ……… 137
〔事例8〕相続による「簡易課税制度選択届出書」の適用
　　開始時期 …………………………………………………………… 139
〔事例9〕免税事業者が吸収合併で課税事業者の事業を
　　承継した場合の納税義務（その1）～合併事業年度の
　　納税義務～ ………………………………………………………… 143

〔事例10〕免税事業者が吸収合併で課税事業者の事業を
承継した場合の納税義務（その２）〜合併のあった翌
事業年度の納税義務〜 ……………………………………………… 147

〔事例11〕合併による資産及び負債の移転 ………………………… 149

〔事例12〕事業譲渡による資産及び負債の移転 ………………… 151

〔事例13〕合併事業年度の簡易課税制度の判定 ………………… 154

〔事例14〕事業譲受けによる「簡易課税制度選択不適用届出
書」の失念 ……………………………………………………………… 157

PART Ⅲ　判例・裁決からみる事例検討
〜消費税の届出書・申請書を巡る紛争事例〜 ……………… 160

〔事例１〕「課税事業者選択届出書」の提出時期を巡る裁判例 … 160

〔事例２〕「簡易課税制度選択届出書」を巡る裁決事例 …………… 170

〔事例３〕「課税事業者選択届出書」の未提出と期末棚卸資
産に係る仕入税額控除を巡る裁判例 ……………………… 175

〔事例４〕「簡易課税制度選択不適用届出書」の提出とやむ
を得ない事情を巡る裁判例 ……………………………………… 181

第３編　届出書・申請書の様式と記入すべき事項

〔実務で重要性の高い「届出書」の一覧表〕……………………… 198

〔実務で重要性の高い「申請書」の一覧表〕……………………… 201

【第３−(1)号様式　消費税課税事業者届出書（基準期間用）】… 202

【第３−(2)号様式　消費税課税事業者届出書（特定期間用）】… 205

目　　次

【第10－(2)号様式　消費税の新設法人に該当する旨の届出書】

　……………………………………………………………………… 208

【第10－(3)号様式　消費税の特定新規設立法人に該当する旨

の届出書】 ……………………………………………………… 211

【第5－(2)号様式　高額特定資産の取得に係る課税事業者

である旨の届出書】 ………………………………………… 214

【第5号様式　消費税の納税義務者でなくなった旨の届出書】… 217

【第1号様式　消費税課税事業者選択届出書】…………………… 219

【第2号様式　消費税課税事業者選択不適用届出書】…………… 222

【第33号様式　消費税課税事業者選択（不適用）届出に係る

特例承認申請書】 …………………………………………… 225

【第1号様式　消費税簡易課税制度選択届出書】………………… 228

【第25号様式　消費税簡易課税制度選択不適用届出書】………… 233

【第34号様式　消費税簡易課税制度選択（不適用）届出に係

る特例承認申請書】 ………………………………………… 236

【第35号様式　災害等による消費税簡易課税制度選択（不適用）

届出に係る特例承認申請書】 ……………………………… 239

【第13号様式　消費税課税期間特例選択・変更届出書】………… 242

【第14号様式　消費税課税期間特例選択不適用届出書】………… 246

【第22号様式　消費税課税売上割合に準ずる割合の適用承認

申請書】 ……………………………………………………… 249

【第23号様式　消費税課税売上割合に準ずる割合の不適用

届出書】 ……………………………………………………… 255

【第1－(1)号様式　適格請求書発行事業者の登録申請書

（国内事業者用）】 …………………………………………… 258

【凡　　例】

本書で使われている主な略称は以下のとおり。

　　　消　法…消費税法

　　　消　令…消費税法施行令

　　　消　規…消費税法施行規則

　　　消基通…消費税法基本通達

　　　通則法…国税通則法

　　　（例）消法1②三…消費税法第1条第2項第3号

（注）　第3編の届出書・申請書の記載事例については、一定の適用要件
　　　充足を前提に記載したものであり、個々の事情により適用要件の可
　　　否が異なる場合があります。記載事例の適用判断の誤りにより、利
　　　用者等に何らかの損害が発生したとしても、かかる損害については
　　　一切の責任を負うものではありません。あくまでも、サンプル事例
　　　として各自の個別事情等を考慮し、適用の可否はご判断下さい。

序
本書の目的と構成

序　本書の目的と構成

本書の目的と構成

　わが国における申告納税制度の下では、納税者が税法上の根拠法規の適用に当たり、いずれか有利な方［＝税額が少なくなる方］を選ぶことは可能とされています。例えば、消費税法で定められた規定の要件を満たせば、簡易課税又は本則（原則）課税のいずれを採るか等の有利選択権は、納税者に付与された税法上の権利と考えられます。

　しかしながら、税法では、有利選択を行う権限を納税者に与える一方で、その権利行使の方法（届出・申請書の提出、確定申告書への記載）や形式（第何号様式の書面を提出）、さらに、期限（いつまでに提出）や変更可能性（一定期間の継続適用要件）などについて、あらかじめ規制する仕組みを採用しています。

　こうした意味において、税法上の選択権規定は、租税実体法としての性格をもつと同時に、手続法たる規制法としての性格をも併せもっているといえます[1]。つまり、納税者が行う選択権行使は、「租税実体法に組み込まれた手続法」[2]としての性格を有していることになります。

　例えば、法人税法の場合には、いわゆる「損金経理」を要件とする規定が多く定められていますが、これらも選択権規定に当たると考えられますし、租税特別措置法のなかには非常に多くの選択権規定が存在します。法人税法や所得税法では、選択権行使の意思表示手続は「確定申告書への記載」、「確定申告期限までの書面による届出・申請」など、事業年度終了後における意思表示も可能とする選択権規定が比較的多く法定

---

[1] 谷口勢津夫「課税要件法上の選択手続と法的救済」『税法の課題と超克　山田二郎先生古稀記念論文集』（信山社・2000年）488頁参照。
[2] 谷口・前掲注（1）492頁参照。

されているように見受けられます。

ところが、本書で解説する消費税法上の選択権行使は、わが国における事業者免税点制度や仕入税額控除の仕組み等との関係上、消費税の転嫁を前提に、原則としてその課税期間が開始するまでに、その選択権の行使（意思表示手続）を行う必要があり、過去の課税庁との紛争事例をみても、そうした選択権行使における届出書・申請書を巡る実務対応のミスが問題の原因となっているようです。

有利選択権は、申告納税制度の趣旨・目的に従って、税法が納税者に特に与えた権利であるため、納税者はそのような意味での自己の責任を自覚して選択権を慎重かつ適正に行使しなければいけません。また、税法の専門家である税理士等の課税実務に携わる者は、納税者の選択権行使の判断に対して、適切なアドバイスやサポートをする義務があると言えるでしょう。

近年の裁判例をみても、消費税の届出書・申請書を巡る紛争事例として、税理士が納税者に対して「消費税課税事業者選択届出書」を提出した方が有利である旨の説明義務違反の有無について争われた事件[3]があります。納税者が税理士に求める税法に対する専門知識の水準は、年々高度化しつつあります。また、裁判所も税理士の職業専門家としての責任を、より厳しく判断する傾向にあることに注意が必要と思われます。

本書は、消費税における届出書・申請書を巡る実務上で誤りやすい事例の検討を通じて、消費税実務に携わる者に届出書・申請書の正しい理解や知識を得てもらう一助となることを目的としています。

そこで3つのパートで構成し、第1編では届出書・申請書の制度のあらましを解説し、第2編では過去のトラブル事例や判例・裁決の具体例

---

3 東京地判・平成24年3月30日（判例タイムズ1382号（2012年）152頁、TAINS Z999-0132）。後述の第2編 PART Ⅲ〔事例3〕132頁参照。

序　本書の目的と構成

を題材にケース・スタディの形式により実務で誤りやすい留意事項を確認していきます。さらに、第3編では適用場面に応じた届出書・申請書の様式にしたがって記入すべき事項と記載上の留意点を解説しています。

第1編
制度のあらまし

　ここでは、消費税法における届出書・申請書の制度のあらまし
を説明していきます。

PART I	軽減税率制度と仕入税額控除の改正の概要

ここでは、消費税の新制度について届出・申請に関係する項目について解説していきます。まず、軽減税率制度の概要と、それと密接に関わる「区分記載請求書等保存方式」「適格請求書等保存方式（インボイス制度）」の概要を確認します。従前の制度と新制度は、何がどのように変わるのかと、それらの段階的導入（移行）スケジュールについても紹介します。

なお、従前の単一税率という用語の使い方に対応する表現は複数税率という用語になりますが、本書では、国税庁の説明等において主として使用されている軽減税率という表現により、以下の説明を行うこととします。

1. 軽減税率制度で仕入税額控除が変わる（改正のあらまし）

(1) 軽減税率制度の概要

令和元年10月1日以降に行う飲食料品（食品表示法に規定する食品（酒類を除く。））及び定期購読契約が締結された週2回以上発行される新聞を対象品目とし、税率は8％（消費税率6.24％、地方消費税率1.76％）のまま、据え置かれることになります（軽減税率の適用）。なお、外食やケータリング等は軽減税率の対象には含まれません（10％の標準税率の適用）。

上記のとおり軽減税率制度とは、食料品や新聞など、あらかじめ定められた対象品目の税率が低く抑えられる制度です。軽減税率制度は、消

—6—

費税率を10％（＝標準税率）に引き上げるに当たって、低所得者に配慮するという観点から導入されました。このため、引上げ後の消費税率が10％（消費税率7.8％、地方消費税率2.2％）となるものに対して、軽減税率の適用対象品目となるものは8％（消費税率6.24％、地方消費税率1.76％）が適用されることとなります。つまり、実務上今回の軽減税率制度の導入により、常に2つの消費税率（複数税率）が混在する状況になります。

　わが国に消費税が初めて導入された平成元年4月1日以降、適用される税率は1つ（単一税率）のみだったため、消費税に関する証憑（請求書・領収書等）及び帳簿（元帳等）への必要記載事項の注意点といえば、課税の対象か否か（課税対象と対象外の区別）、課税取引（輸出免税を含む）と非課税取引の区分の判定が重要でした。しかし、複数税率が適用されれば、課税取引の中での税率ごとの区分も必要となり、日々の取引が複雑になるので経理処理の実務に大きな影響を及ぼすことが予想されます。特に複雑になるのは、事業者が国に納税する消費税額を計算する際に必要な「仕入税額控除」の経理処理です。事業者が納税する消費税額の計算は、課税売上に対して受け取った消費税額（仮受消費税額）から、事業に必要な原材料・商品などの仕入れ等、すなわち課税仕入に対して支払った消費税額（仮払消費税額）を差し引くという「仕入税額控除」が行われています。令和元年9月末までの税率は1つなので、請求書の記載や帳簿への記帳は、前述のとおり主として課税取引と非課税取引の区分が重要でした。しかし複数税率になると、さまざまな原材料・商品を仕入れている取引先ごとの請求書において課税取引、非課税取引の区分だけでなく、軽減税率の適用対象品目か否かを区分しなくてはなりません。このように日頃から使用している請求書や領収書の原始証憑、元帳等の記帳も各品目を、それぞれの税率ごとに区分する必要が出てく

るのです。

　以上のとおり、軽減税率制度が導入されると、商品の仕入れや販売といった取引の中で、標準税率（10%）と軽減税率（8%）の2つの税率が混在することになります。税額計算は、原則として売上げ又は仕入れを税率ごとに区分して行うことが必要です。特に、買手側の仕入税額控除が適正に行うことができるように、売手側が発行する請求書においては必要な記載事項が次の2段階で追加されます。

(2)　仕入税額控除の要件

令和元年9月30日まで
　　請求書等保存方式（従来の方式）

令和元年10月1日から令和5年9月30日まで
　　区分記載請求書等保存方式（従来の方式プラスaの記載事項が必要）

令和5年10月1日以後
　　適格請求書等保存方式（税制上の適格要件の充足が必要）

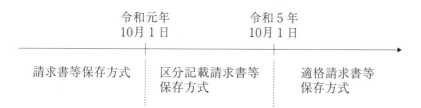

　上記のとおり、大幅な制度変更に伴う実務の混乱を避ける観点から、軽減税率制度によって複雑となる経理処理を軽減するために、請求書の新たな記載方式への経過措置として、まず「区分記載請求書等保存方式」が、令和元年10月1日に導入されます。

第1編　制度のあらまし

2．区分記載請求書等保存方式と適格請求書等保存方式とは

《第1段階》 **区分記載請求書等保存方式**（令和元年10月～令和5年9月30日まで）

• 「適格請求書等保存方式」導入までの経過措置

　　令和元年10月1日から令和5年9月30日までの間は、現行の「請求書等保存方式」を維持しつつ、軽減税率（複数税率）の適用により区分経理に対応するための措置として「区分記載請求書等保存方式」が導入されます。

　　現在の仕入税額控除の対象となる請求書は、①発行者名称、②取引年月日、③取引内容などが必要記載事項です。「区分記載請求書等保存方式」では、それらに加えて④「軽減税率対象品目である旨」を※印などで明記すること、⑤「税率区分ごとの合計請求額」を記載することが義務付けられます。⑤「税率区分ごとの合計請求額」とは、取引合計金額の下などに10％対象と8％対象で区分した税込みの合計金額をそれぞれ記載することです。

―――――――― 《区分記載請求書の記載例》 ――――――――

① 区分記載請求書等発行者の氏名又は名称

② 課税資産の譲渡等を行った年月日

③ 課税資産の譲渡等に係る資産又は役務の内容

④ 軽減対象資産の譲渡等である旨

⑤ 税率ごとに区分して合計した課税資産の譲渡等の対価の額（税込み）

⑥ 書類の交付を受ける事業者の氏名又は名称

―9―

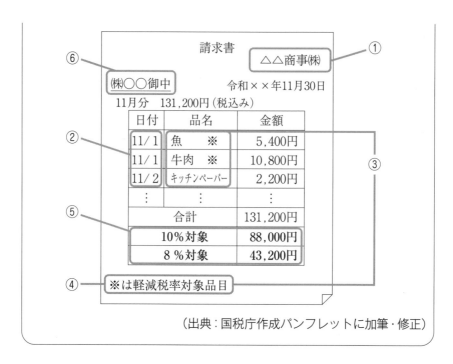

（出典：国税庁作成パンフレットに加筆・修正）

　このように請求書の記載方式を制度化することで、受け取った側の経理処理にかかる負担が軽減されます。

Check Point!

「区分記載請求書等保存方式」とは

① 　従来の請求書等に「軽減税率の対象品目である旨」、「税率ごとに区分して合計した対価の額」の2項目を追加記載したものをいいます。

② 　売上げ又は仕入れを税率ごとに区分することが困難な事業者（中小事業者など）に対し、売上税額又は仕入税額の計算の特例が設けられます。この特例が適用される事業者は、簡便な計算方法でも仕入税額控除が認められるというものです。

③ 　「区分請求書等保存方式」が適用される間は、免税事業者も区分記

載請求書を発行することができ、免税事業者からの仕入れについても、課税事業者からの仕入れと同様に、従来通りの仕入税額控除が認められます。

《第2段階》 適格請求書等保存方式（インボイス方式）（令和5年10月以降）

- **区分記載請求書等保存方式の後に導入される制度**

　前述した「区分記載請求書等保存方式」は、軽減税率導入から4年後の令和5年9月30日までの措置となっています。その後、令和5年10月1日から導入予定となっているのが「適格請求書等保存方式」、いわゆるインボイス制度です。これは複数税率制度の下で、仕入税額控除を適正に行うことを目的とした請求書について定めています。

　上記の区分記載請求書等保存方式に加え、①「適格請求書発行事業者の登録番号」及び②「税率ごとに区分して合計した対価の額及び適用税率」の2点の追加記載が求められます。

- **適格請求書等の記載事項**

　適格請求書等とは、次に掲げる事項を記載した請求書、納品書その他これらに類する書類をいいます。

① 適格請求書発行事業者の氏名又は名称及び登録番号

② 課税資産の譲渡等を行った年月日

③ 課税資産の譲渡等に係る資産又は役務の内容（軽減対象資産の譲渡等である旨）

④ 課税資産の譲渡等に係る税抜価額又は税込価額を税率の異なるごとに区分して合計した金額及び適用税率

⑤ 税率ごとに区分して合計した消費税額等

⑥ 書類の交付を受ける事業者の氏名又は名称

《適格請求書の記載例》

① 適格請求書発行事業者の氏名又は名称及び登録番号
② 取引年月日
③ 取引内容（軽減税率の対象品目である旨）
④ 税率ごとに合計した対価の額（税抜き又は税込み）及び適用税率
⑤ 消費税額等（端数処理は一請求書当たり、税率ごとに1回ずつ）
⑥ 書類の交付を受ける事業者の氏名又は名称

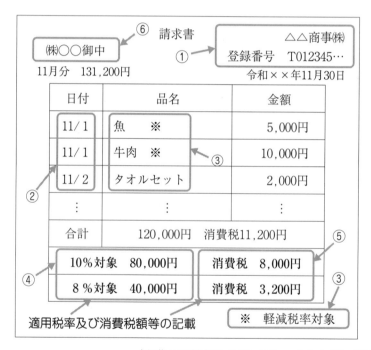

（出典：国税庁作成パンフレットに加筆・修正）

　インボイス制度に移行すると、「適格請求書発行事業者」のみ交付できる「適格請求書」が、仕入税額控除の要件となります。適格請求書発行事業者への登録申請は、原則、令和3年10月1日から令和5年

第1編　制度のあらまし

３月31日までで、対象は消費税を納付する義務のある課税事業者です。

Check Point!

①　適格請求書発行事業者が交付する適格請求書は、発行者名称や取引年月日など従来の請求書でも義務となっていた書式に加え、適格請求書発行事業者の「登録番号」や「税率区分ごとに合計した対価の額（税抜き又は税込み）」「税率区分ごとに合計した消費税額」などの記載も義務付けられています。

②　仕入税額控除の要件の厳格化

令和５年10月から、適格請求書等保存方式（インボイス方式）が導入されると仕入税額控除の適用を受けるためには、「登録を受けた課税事業者」が交付する「適格請求書」又は「適格簡易請求書」及び「帳簿」の保存が仕入税額控除の要件とされます。

なお、免税事業者は適格請求書発行事業者にはなれません。このため、従前は免税事業者との取引でその対価に消費税額等が含まれていない場合でも、課税仕入に該当する取引であれば、仕入税額控除の対象となりましたが、適格請求書等保存方式の導入により、免税事業者からの仕入れは、原則として仕入税額控除の対象とならないことに注意が必要です（６年間に限り、後述の経過措置の特例あり）。

● 免税事業者等からの仕入れの特例（経過措置）

上記 Check Point! での説明のとおり、適格請求書発行事業者でない免税事業者等（消費者を含む）からの仕入れについては仕入税額控除の対象になりませんが、大幅な制度変更の影響を緩和する措置として、適格請求書等保存方式の導入後６年間は、免税事業者等からの仕

—13—

入れについて一定割合の仕入税額控除が認められます。

経過措置の適用期間	割　合
令和5年10月1日から令和8年9月30日まで	仕入税額相当額の80%
令和8年10月1日から令和11年9月30日まで	仕入税額相当額の50%

　なお、令和5年10月1日より、適格請求書発行事業者登録制度の登録を受けた課税事業者は、取引の相手方（課税事業者）から求められた場合の適格請求書等の交付及び写しの保存が義務付けられます。また、令和5年10月1日以降は、適格請求書発行事業者として登録を受けた課税事業者のみ適格請求書等を交付することができます。よって、取引の相手方が登録を受けた適格請求書発行事業者以外の場合、当該取引に伴う消費税額等の計算上、仕入税額控除等の対象には含まれないことになります（上記表の経過措置期間は一定額の控除は可能）ので、注意が必要です。

Check Point!

　取引先が、消費税納付義務のない免税事業者の場合は、適格請求書発行事業者に登録できませんので、その取引は本来であれば、仕入税額控除の対象として扱われません。

　ただし、免税事業者等との取引に関しても、令和11年9月30日まで段階的に一定の割合が仕入税額控除の対象となる経過措置が設けられています。

• 適格請求書等保存方式への移行に伴う経済活動への影響

　わが国に消費税を導入する際に議論された免税事業者が流通経路から排除される可能性等の経済活動に与える影響の問題が再燃すること

になります。確かに、消費税導入時の免税点は3,000万円（平均月商250万円）で、対象となる事業者が多数存在しましたが、現在の1,000万円（平均月商約83万円）に免税点が引き下げられている現状を考慮すると影響は少ないとの見方ができるかもしれません。

しかしながら、個人事業者等の小規模事業者（免税事業者）が流通経路から排除される可能性が全くないとは言い切れないと思われます。この場合、小規模事業者（免税事業者）は、あえて課税事業者選択を行い、「適格請求書発行事業者」としての登録手続きをしなければならないことに留意すべきです。

なお、適格請求書発行事業者の登録については、令和3年10月1日から申請の受付が始まります（**適格請求書発行事業者の登録申請書等の様式については、第3編258－261ページを参照**）。

【登録申請のスケジュール】

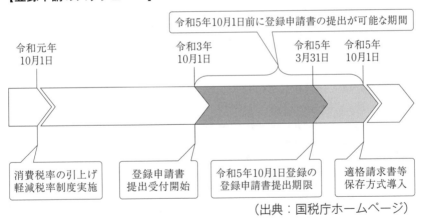

（出典：国税庁ホームページ）

以下では、「適格請求書等保存方式」について、国税庁ホームページに公表（令和元年6月現在）されている届出・申請手続きに関連する事項を要約して、記載しておくことにします。

(1) 登録手続き

　適格請求書発行事業者とは、納税地を所轄する税務署長に登録申請書を提出し、適格請求書等を交付することのできる事業者として登録を受けた事業者をいいます。

　登録申請書は、インボイス制度の導入の2年前である令和3年10月1日から提出することができます。

　この登録申請書の提出を受けた税務署長は、登録拒否要件に該当しない場合には、適格請求書発行事業者登録簿に法定事項を登載して登録を行い、登録を受けた事業者に対して、その旨を書面で通知することとされています。

　また、登録申請書は、e-Tax を利用して提出することもでき、この場合、登録の通知は e-Tax を通じて行われます。

　なお、適格請求書発行事業者は、その課税期間の基準期間における課税売上高が1,000万円以下となった場合であっても免税事業者とならないので注意が必要です。

(2) 届出の効力

　登録の効力は、通知日ではなく、適格請求書発行事業者登録簿に登載された日(登録日)に発生します。このため、登録日以降の取引については、相手方(課税事業者に限る)の求めに応じ、適格請求書等の交付義務があります。

　また、インボイス制度が導入される令和5年10月1日に登録をうけようとする事業者は、令和5年3月31日までに登録申請書を税務署長に提出する必要があります。なお、令和5年3月31日までに登録申請書を提出できなかったことにつき困難な事情がある場合に、令和5年9月30日までの間に登録申請書にその困難な事情を記載して提出し、税務署長により適格請求書発行事業者の登録を受けたときは、令和5年10月1日に

第1編　制度のあらまし

登録を受けたものとみなされます。

(3)　免税事業者が適格請求書発行事業者の登録をする場合

　免税事業者が登録を受けるためには、原則として、「消費税課税事業者選択届出書」を提出し、課税事業者となる必要があります。この場合において、免税事業者が課税事業者となることを選択した課税期間の初日から登録を受けようとする場合は、その課税期間の初日の前日から起算して1月前の日までに登録申請書を提出しなければなりません。

　なお、経過措置として、登録日が令和5年10月1日の属する課税期間中である場合には、課税事業者選択届出書を提出しなくても、登録を受けることができます。

Check Point!

適格請求書発行事業者の登録をするかどうか

　適格請求書等を交付できるのは、登録を受けた適格請求書発行事業者に限られますが、適格請求書発行事業者の登録を受けるかどうかは事業者の任意となります。

　ただし、登録を受けなければ、適格請求書等を交付することができず、取引の相手先は仕入税額控除を行うことができないことから注意が必要です（取引先の仕入税額控除の必須要件）。

---

(4)　適格請求書発行事業者の公表

　適格請求書発行事業者登録簿の登載事項については、インターネットを通じて、国税庁のホームページにおいて公表されます。また、適格請求書発行事業者の登録が取り消された場合又は効力を失った場合、その年月日が国税庁のホームページにおいて公表されます。

　具体的な公表事項については、次のとおりです。

—17—

① 適格請求書発行事業者の氏名又は名称及び登録番号

② 登録年月日

③ 登録取消年月日、登録失効年月日

④ 法人（人格のない社団等を除く）については、本店又は主たる事務所の所在地

⑤ 特定国外事業者（国内において行う資産の譲渡等に係る事務所、事業所その他これらに準ずるものを国内に有しない国外事業者）以外の国外事業者については、国内において行う資産の譲渡等に係る事務所、事業所その他これらに準ずるものの所在地

　上記の事項以外に「適格請求書発行事業者の公表事項の公表（変更）申出書」において主たる屋号や主たる事務所の所在地について、公表の申出のあった個人事業者等にあっては、これらの事項も公表されます。

　この公表事項の閲覧を通じて、交付を受けた請求書等の作成者が適格請求書発行事業者に該当するかを確認することができます。

(5) 適格請求書発行事業者の義務

① 適格請求書等の交付義務

　適格請求書発行事業者は、課税資産の譲渡等を行った場合において、相手方（免税事業者を除く）から求められたときは、適格請求書等を交付しなければなりません。

② 売上げに係る対価の返還等を行った場合

　売上げに係る対価の返還等を行った適格請求書発行事業者は、その売上げに係る対価の返還等を受ける事業者に対して、一定の事項を記載した請求書、納品書その他これらに類する書類（適格返還請求書）を交付しなければなりません。

③ 適格請求書等に係る電磁的記録の提供

　適格請求書発行事業者が、課税資産の譲渡等を受ける相手方の承

第1編　制度のあらまし

諾を得たときは、適格請求書等を交付することに代えて適格請求書等の記載事項に係る電磁的記録を提供することができます。

④　適格請求書等の保存

適格請求書等（適格簡易請求書を含む）を交付した適格請求書発行事業者は、交付した書類の写しを保存しなければなりません。また、適格請求書等の記載事項に係る電磁的記録を提供した適格請求書発行事業者は、その電磁的記録を保存する必要があります。

⑤　適格請求書類似書類等の交付禁止

適格請求書等（適格簡易請求書を含む）に類似するもの及び適格請求書等の記載事項に係る電磁的記録に類似するもの（適格請求書類似書類等）の交付及び提供を禁止します。

なお、適格請求書類似書類等を交付又は提供した者に対しては、罰則規定があります。

(6)　登録番号の交付

適格請求書発行事業者に対しては、登録番号が与えられることとなりますが、その登録番号の構成は、以下のとおりです。

なお、法人の場合には、法人番号が既に与えられていることから登録番号については、現時点で判明していることとなります。

①　法人番号を有する課税事業者

「Ｔ」（ローマ字）＋法人番号（数字13桁）

②　上記①以外の課税事業者（個人事業者、人格のない社団等）

「Ｔ」（ローマ字）＋数字13桁（※）

※　13桁の数字には、マイナンバー（個人番号）は用いず、法人番号とも重複しない事業者ごとの番号となります。

⇒取引の相手方へ、個人事業者のマイナンバー（個人番号）が知られることのないようにするためです。

One Point Advice!

消費税実務におけるスムーズな移行のため計画的な準備対策が重要

　PART Ⅰでは、消費税の新制度である軽減税率や、仕入税額控除に関する経理処理の概要とスケジュールについて説明しました。

　上記の通り、軽減税率導入の4年後の令和5年10月には、事業者の仕入税額控除に関する経理処理は、《第1段階》の「区分記載請求書等保存方式」から《第2段階》の「適格請求書等保存方式（インボイス方式）」へと対応しなくてはならない予定です。

　日常の経理業務と密接に関係する消費税の大きな制度変更に備えるため、経営者や経理担当者は、実務上のポイントや、届出・申請するべき事項の期限などを正確に把握しておかなければなりません。特に、適格請求書発行事業者の登録については、国内の事業者が一斉に登録申請を行うため、審査・登録の完了までに時間を要する可能性があります。新制度へとスムーズに移行させるためにも、あらかじめ余裕を持って計画的に準備しておくことが重要です。

　次のPART Ⅱでは、制度の移行に伴う届出・申請等の特例措置を踏まえた、届出書・申請書の制度のあらましを説明していきます。

第1編　制度のあらまし

| PART Ⅱ | 届出書・申請書の概要と留意事項 |

1.【消費税課税事業者届出書（基準期間用）】とは

（第3－(1)号様式）

◇事由が生じた場合、速やかに提出
⇒この届出書の様式と記載事項は第3編202-204ページを参照

概　　要

　その課税期間の基準期間における課税売上高が1,000万円を超えたことにより、課税事業者となる場合の届出書（第3－(1)号様式）です。

提出時期

　上記の要件に、該当することとなった場合には、速やかに納税地を所轄する税務署長に提出することとされています。

注意すべき事項

　基準期間における課税売上高が1,000万円以下である課税期間については、後述の「新設法人」に該当する場合を除き、原則として消費税の納税義務が免除されています（消法9①）。

　基準期間及び基準期間における課税売上高については、消費税法の仕組みを理解する上で重要な項目ですので、正確に理解しておくことが必要となります。

—21—

(1) 基準期間の意義（消法2①十四）

① 個人事業者 ⇒ その年の前々年

② 法人

イ．判定すべき課税期間である事業年度の前々事業年度が1年の場合
　⇒その前々事業年度

《法人で1年決算の場合》

　ロ．判定すべき課税期間である事業年度の前々事業年度が1年未満の場合
　　⇒判定すべき課税期間である事業年度の開始の日の2年前の日の前日から同日以後1年を経過する日までの間に開始した各事業年度を合わせた期間

《法人で前々事業年度が1年未満の場合》

第1編　制度のあらまし

(2)　基準期間における課税売上高の意義 (消法9②)

　基準期間における課税売上高とは、基準期間中の課税資産の譲渡等[注]の対価の額（税抜金額）の合計額から売上げに係る対価の返還等の額（税抜金額）の合計額を控除した金額をいいます。

　つまり、「課税資産の譲渡等の対価の額」は、課されるべき消費税額及びその消費税額を課税標準として課されるべき地方消費税額に相当する額を含まないことになります。

　したがって、通常、税込対価の額に100/108（又は100/105）を乗じて計算した金額をいいますが、基準期間自体が免税事業者であった場合は、この税抜計算をする前の金額がここでいう対価の額となりますので、注意が必要です。

(注) 課税資産の譲渡等とは、消費税が課税される売上（課税売上及び免税売上）をいい、消費税が課税されない売上（非課税売上及び不課税売上）は含まれません。

①個人事業者及び②－イ　基準期間が1年である法人

基準期間における課税売上高	=	基準期間中に国内において行った課税資産の譲渡等の対価の額の合計額（税抜）	−	基準期間中に行った売上げに係る税抜対価の返還等の金額の合計額

※個人事業者の場合には、基準期間において事業を行っている期間が1年未満であっても、月数の調整（年換算）は行いません。

②－ロ　基準期間が1年でない法人

$$\text{基準期間における課税売上高} = \left(\text{基準期間中に国内において行った課税資産の譲渡等の対価の額の合計額（税抜）} - \text{基準期間中に行った売上げに係る税抜対価の返還等の金額の合計額}\right) \times \frac{12}{\text{基準期間に含まれる事業年度の月数の合計数}}$$

—23—

※基準期間が１年でない法人の場合は、この期間における課税売上高を年換算（基準期間における課税売上高を基準期間の月数で除し、これに12を乗じて計算した金額）をする必要があります。なお、計算式中分母の「基準期間に含まれる月数」は、暦に従って計算し、１か月に満たない端数は、これを１か月とします（消法９③）。

第1編　制度のあらまし

2.【消費税課税事業者届出書（特定期間用）】とは

（第3－(2)号様式）

◇事由が生じた場合、速やかに提出

⇒この届出書の様式と記載事項は第3編205-207ページを参照

概　　要

その課税期間の基準期間における課税売上高が1,000万円以下である事業者が特定期間における課税売上高が1,000万円を超えたことにより、その課税期間について課税事業者となる場合の届出書（第3－(2)号様式）です。

提出時期

上記の要件に、該当することとなった場合には、特定期間終了後、速やかに納税地を所轄する税務署長に提出することとされています。

注意すべき事項

(1)　従来の免税点制度との相違点

事業者免税点制度の適用要件の見直しとして、平成25年1月1日以後に開始する個人事業者のその年又は法人の事業年度については、基準期間における課税売上高が1,000万円以下であっても、特定期間における課税売上高又は支払給与等の金額に相当するものの合計額が1,000万円超の場合はその申告及び納税義務は免除されないという制度が適用されます（消法9の2）。

つまり、その課税期間の前年の1月1日（法人の場合は前事業年度開

—25—

始の日）から６か月間の課税売上高が1,000万円を超えた場合は、その課税期間から課税事業者に該当することとされました。また、課税売上高に代えて、給与等支払額の合計額により判定することもできます。

(2) 特定期間とは

特定期間とは次に掲げる期間をいいます。

① 個人事業者……その年の前年１月１日から６月30日までの期間
② 法　　　人……その事業年度の前事業年度開始の日以後６か月の期間(注)

(注) 前事業年度が７か月以下の場合など短期事業年度に該当する場合には、前々事業年度開始の日以後６か月の期間その他一定の期間となります。

(3) 特定期間の課税売上高による判定

（基準期間の課税売上高による事業者免税点制度（判定①））

基準期間の課税売上高が1,000万円を超えると課税事業者となります。

① X03.1.1～X03.12.31	② X04.1.1～X04.12.31	③ X05.1.1～X05.12.31	④ X06.1.1～X06.12.31
課税売上高　800万円	課税売上高 2,200万円	免税事業者	課税事業者

（上記の要件に加え、次の要件が追加）

《納税義務の判定（１年決算法人の場合)》

　１年決算法人の場合における納税義務の判定は次頁の図のとおり「基準期間の課税売上高」（判定①）に加えて「特定期間の課税売上高」（判定②－１）を加味して判定されることになります。次頁の〈例１〉の場合は、基準期間における課税売上高が1,000万円以下ですが、特定期間における課税売上高が1,000万円を超えているため、当期の納税義務が免除されません。

　つまり、前年（又は前事業年度）の６か月（特定期間）の課税売上高

が1,000万円を超えると、その翌年（又は翌事業年度）から課税事業者となりますので注意が必要です。

〈例1〉特定期間の課税売上高で判定

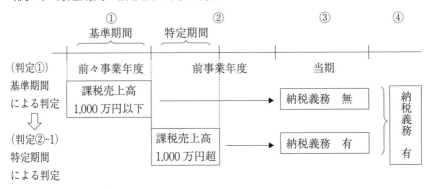

(4) 特定期間の給与等支払額による判定（課税売上高の特例）

　特定期間の課税売上高による納税義務の判定については、その特定期間の課税売上高に代えて、その特定期間中に支払った給与等（給料、賃金、賞与など）の額を基礎として判定することができます（次頁〈例2〉参照）。つまり、特定期間の課税売上高が1,000万円を超える場合においても、特定期間における給与等支払額が1,000万円以下である場合には、納税義務は生じません。

　これは、月単位の課税売上高を正確に把握していない場合でも、毎月の給与等支払額を基礎として判定を行うことができるという点においては、実務上の簡便性が考慮されています。

〈例2〉 特定期間の給与等支払額で判定

　〈例1〉のケースでは、（判定②-1）特定期間の課税売上高が1,000万円を超えますが、（判定②-2）特定期間の給与等支払額が1,000万円以下であり、かつ、基準期間における課税売上高が1,000万円以下であるため、納税義務は生じません。

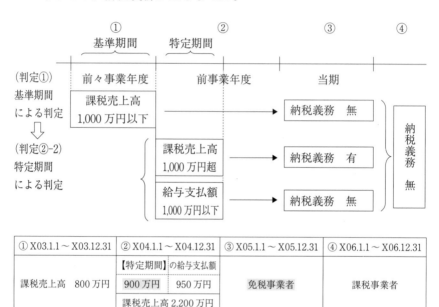

(注)　ここでの留意すべき点は、納税義務の判定は、特定期間の課税売上高に代えて、特定期間の給与等支払額により判定することもできます。よって、いずれの基準を適用し、判断（有利選択）するかは納税者の任意となります。

　〈具体例〉　特定期間の課税売上高 1,200万円
　　　　　　 特定期間の給与等支払額 900万円

　　このケースでは、当課税期間は免税事業者となることも、課税

事業者となることも可能です。通常は、免税事業者を選択すること（届出書の提出は不要）になりますが、当課税期間において消費税の還付が見込まれる場合は、課税事業者を選択することも可能となります。「消費税課税事業者届出書（特定期間用）」は、各種の選択届出書と異なり、「事由が生じた場合、速やかに」提出する書類のため、前課税期間の末日（前期末）までといった提出期限の定めはありません。

3．【消費税の新設法人に該当する旨の届出書】とは

（第10－(2)号様式）

◇事由が生じた場合、速やかに提出

⇒この届出書の様式と記載事項は第3編208-210ページを参照

概　要

消費税の新設法人に該当することとなった場合に、その新設法人が提出する届出書（第10－(2)号様式）です。

提出時期

上記の要件に、該当することとなった場合には、速やかに納税地を所轄する税務署長に提出することとされています。

ただし、法人税法の規定により提出する「法人設立届出書」に消費税の新設法人に該当する旨及び所定の記載事項を記載して提出した場合には、この届出書の提出は不要となります。

注意すべき事項

(1)　新規開業をした場合の納税義務

新たに事業を開始した個人事業者又は新たに設立された法人のように、その課税期間の基準期間における課税売上高がない場合には、納税義務は免除されます。

ただし、新設法人の納税義務の免除の特例、特定期間の課税売上高の特例、相続・合併・分割等が行われた場合の納税義務の免除の特例及び特定新規設立法人の納税義務の免除の特例の取扱いがありますの

第1編　制度のあらまし

で、それらの特例に該当していないかを確認する必要があります。

(2)　新設法人の納税義務の免除の特例 (消法12の2①)

　前述のとおり、法人の消費税の納税義務の有無は、原則として基準期間（前々事業年度）の課税売上高が1,000万円超であるか否かにより判定します。しかし、1年決算法人を前提とした場合、新たに設立された法人の設立第1期目と第2期目は、その基準期間がありません。

　そこで、新設法人の設立第1期目と第2期目については、納税義務の有無をその事業年度開始の日の資本金の額又は出資の金額により判定することとしており、各事業年度開始の日の資本金の額又は出資の金額が1,000万円以上の場合、消費税の納税義務は免除されないこととなっています。

　なお、新設法人の納税義務の免除の特例に該当しない新設法人（例えば資本金500万円の法人）であっても、前述 **2.** の特定期間における課税売上高により納税義務の判定を行う必要があります。特定期間における課税売上高による納税義務の判定は、資本金の額等にかかわらず、設立第2期目から行うこととなりますので注意が必要です。

(3)　調整対象固定資産の仕入れ等を行った場合 (消去12の2②)

　資本金の額又は出資の金額が1,000万円以上である新たに設立された法人が、その基準期間がない課税期間中（簡易課税制度の適用を受ける課税期間を除く。）に調整対象固定資産(注)の購入をした場合には、その調整対象固定資産を購入した日の属する課税期間からその課税期間の初日以後3年を経過する日の属する課税期間までの各課税期間においては納税義務は免除されませんので注意が必要です。

　また、その仕入れ等を行った課税期間から3年間は、簡易課税制度も適用することはできないため注意が必要です（**10.**「消費税簡易課税制度選択届出書」の項を参照）。つまり、上記の期間は「課税事業者、

—31—

かつ、原則課税」で申告することになります。

　なお、仮にこの期間内で、当該資産を廃棄や売却等をしても、この規定は継続して適用されることになりますので注意して下さい（消基通13-1-4の3）。

(注)　調整対象固定資産とは、棚卸資産以外の資産で、建物及びその附属設備、構築物、機械及び装置、船舶、航空機、車両及び運搬具、工具、器具及び備品、鉱業権等の無形固定資産その他の資産で、消費税等に相当する金額を除いた金額が100万円以上のものが該当します（法2①十六、令5）。つまり、上記の固定資産の一取引単位の取得価額（税抜金額）が100万円以上の資産をいいます。ただし、土地などの非課税資産や棚卸資産は調整対象固定資産には該当しません。なお、調整対象固定資産に該当する課税貨物を保税地域から引き取った場合も含まれます。

第1編　制度のあらまし

4.【消費税の特定新規設立法人に該当する旨の届出書】とは
（第10－(3)号様式）

　◇事由が生じた場合、速やかに提出
　⇒この届出書の様式と記載事項は第3編211-213ページを参照

概　　要

　消費税の特定新規設立法人の要件に該当することとなった場合に、その新規設立法人が提出する届出書（第10－(3)号様式）です。

提出時期

　上記の要件に、該当することとなった場合には、速やかに納税地を所轄する税務署長に提出することとされています。

注意すべき事項

　新たに設立された法人で資本金の額又は出資の金額が1,000万円未満であるものについては、新設法人の納税義務の免除の特例の適用がありません。したがって、1年決算法人を前提とした場合、原則として設立第1期目は基準期間及び特定期間のいずれも存在しないため消費税の納税義務がなく、設立第2期目は基準期間が存在しないため、特定期間による課税売上高が1,000万円以下又は特定期間がない場合には消費税の納税義務がありません。

　ただし、大規模法人の子法人として設立された法人についてまで、設立当初2年間消費税の納税義務が免除されることは、事業規模に応じた公平な課税が行われなくなる可能性が指摘されていました。そこで、平

—33—

成26年4月1日以後に設立された法人について、次の要件を満たす場合には、納税義務は免除されないこととなっています（消法12の3）。

《適用要件》 特定新規設立法人とは

下記 (1)〜(3)のすべてに該当する法人をいいます。

(1)　その事業年度の基準期間がない法人で、その事業年度開始の日における資本金の額又は出資の金額が1,000万円未満であること（以下「新規設立法人」という）。

(2)　上記(1)の新規設立法人が、その基準期間がない事業年度開始の日において、他の者により発行済株式等の50％超を直接又は間接に保有されるなどの要件に該当すること。

(3)　上記(2)の要件に該当するかどうかの判定の基礎となった他の者及び当該他の者と一定の特殊な関係にある法人のうちいずれかの者の当該新規設立法人の当該事業年度の基準期間に相当する期間における課税売上高が5億円を超えていること。

第1編　制度のあらまし

5.【高額特定資産の取得に係る課税事業者である旨の届出書】とは　　　　（第5－(2)号様式）

　◇事由が生じた場合、速やかに提出
　⇒この申請書の様式と記載事項は第3編214-216ページを参照

概　　要

　この届出書（第5－(2)号様式）は、高額特定資産の仕入れ等を行ったことにより、消費税法第12条の4第1項の適用を受ける事業者が、課税期間の基準期間における課税売上高が1,000万円以下となった場合に提出します（消法12の4①、57①二の二）。

提出時期

　上記の要件に該当し、提出すべき事由が生じた場合に、速やかに提出することとされています。

注意すべき事項

(1)　事業者が、事業者免税点制度及び簡易課税制度の適用を受けない課税期間中に、高額特定資産(※)の仕入れ等を行ったことにより法第12条の4第1項の規定の適用を受ける場合には、その高額特定資産の仕入れ等を行った日の属する課税期間の翌課税期間から、その高額特定資産の仕入れ等を行った日の属する課税期間の初日以後3年を経過する日の属する課税期間までの各課税期間においては、事業者免税点制度及び簡易課税制度を適用しないこととされています。つまり、上記の課税期間中に高額特定資産の仕入れ等を行った場合

—35—

には、その仕入れ等を行った課税期間を含めた3年間は「課税事業者、かつ、原則課税」で申告することになります。

なお、仮にこの期間内で、当該資産を廃棄や売却等をしても、この規定は継続して適用されることになりますので、注意して下さい（消基通13-1-4の3）。

※ 高額特定資産とは、課税仕入れに係る支払対価の額（税抜き）が、一の取引の単位につき、1,000万円以上の棚卸資産又は調整対象固定資産をいいます。

(2) 高額特定資産が自己建設高額特定資産[※]に該当する場合には、その自己建設高額特定資産の建設等に要した仕入れ等の対価の額（事業者免税点制度及び簡易課税制度の適用を受けない課税期間中において行った原材料費又は経費に係るものに限り、消費税相当額を除きます。）の累計額が1,000万円以上となった日の属する課税期間の翌課税期間から、その自己建設高額特定資産の建設等が完了した日の属する課税期間の初日以後3年を経過する日の属する課税期間までの各課税期間においては、事業者免税点制度及び簡易課税制度を適用しないこととされています。

※ 自己建設高額特定資産とは、他の者との契約に基づき、又は事業者の棚卸資産若しくは調整対象固定資産として自ら建設等した資産をいいます。

〈例1〉 高額特定資産の取得がある場合

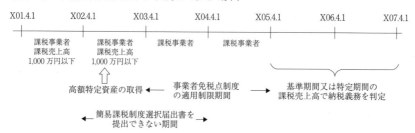

〈例2〉 自己建設の高額特定資産がある場合

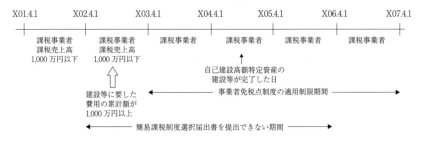

6.【消費税の納税義務者でなくなった旨の届出書】とは
（第5号様式）

◇事由が生じた場合、速やかに提出
⇒この届出書の様式と記載事項は第3編217-218ページを参照

概　要

　この届出書（第5号様式）は、それまで課税事業者であった事業者が、その課税期間の課税売上高が1,000万円以下となったことにより、その課税期間を基準期間とする課税期間において納税義務が免除されることとなる場合に提出します（消法57①二）。

提出時期

　この届出書は、提出すべき事由が生じた場合に速やかに提出することとされています。

　したがって、その年又はその事業年度（事業年度が1年の法人の場合）における課税売上高が1,000万円以下である場合には、翌々年又は翌々事業年度については納税義務が免除されることになりますので、その年又はその事業年度終了後速やかに提出することになります。

注意すべき事項

　その課税期間の課税売上高が1,000万円以下となった場合には、法第9条の2（前年又は前事業年度等における課税売上高による納税義務の免税の特例）第1項、法第10条（相続があった場合の納税義務の免除の特例）第1項又は第2項、第11条（合併があった場合の納税義務の免除の特例）又

第1編　制度のあらまし

は第12条（分割等があった場合の納税義務の免除の特例）第1項から第6項
までの規定の適用を受けなくなった場合を含みますので注意して下さい。

7.【消費税課税事業者選択届出書】とは

（第1号様式）

☆ 選択しようとする課税期間の初日の前日までに提出が必要
⇒この届出書の様式と記載事項は第3編219-221ページを参照

概　　要

免税事業者が課税事業者になることを選択する場合の届出書（第1号様式）です。

提出時期

適用を受けようとする課税期間の初日の前日までに、その事業者が納税地を所轄する税務署長に提出しなければなりません。ただし、適用を受けようとする課税期間が事業を開始した日の属する課税期間である場合には、その課税期間の末日までに提出しなければならないとされています。後述の「注意すべき事項」の(4)で確認して下さい。

注意すべき事項

(1)　**提出時期の注意**

「消費税課税事業者選択届出書」は、その提出をした日の属する課税期間の翌課税期間以後の課税期間について課税事業者となります。

(2)　**提出できる事業者**

この届出書は、基準期間における課税売上高が1,000万円以下となる課税期間について課税事業者を選択することを届け出るものですから、提出しようとする課税期間において免税事業者である事業者に限

—40—

第1編　制度のあらまし

らず、課税事業者である事業者も提出できることになります。

(3)　具体的に提出するケースは

消費税の免税事業者でも、課税事業者を選択することで消費税の還付を受けることができる場合があります。

例えば、輸出を行っている事業者で、仕入れはすべて国内で行い、売上げはすべて海外への免税売上げのケースを考えてみます。

輸出による売上げは、免税売上げに該当するため消費税は受け取っていません。しかし、商品の仕入れについては消費税を支払っていますので、支払った消費税は還付の対象となります。

このような場合、消費税の還付は申告により行われますが、免税事業者には申告義務がありません。そこで、あえて課税事業者を選択して納税義務者になることで、申告により国内で行った仕入れに係る消費税が還付可能となります。

(4)　事業を開始した日の属する課税期間

提出した日の属する課税期間から課税事業者選択の規定が適用される課税期間とは、次のようになります（消令20、消基通1-4-7、1-4-8、1-4-12、1-4-13、1-4-13の2）。

① 　事業者が国内において課税資産の譲渡等に係る事業を開始した日の属する課税期間

法人の場合には、次の課税期間となります。

イ．原則として、その法人の設立の日の属する課税期間

ロ．非課税資産の譲渡等に該当する社会福祉事業のみを行っていた法人又は国外取引のみを行っていた法人が新たに国内において課税資産の譲渡等に係る事業を開始した課税期間

ハ．設立の日の属する課税期間においては設立登記を行ったのみで事業活動を行っていない法人が、その翌課税期間等において実質

—41—

的に事業活動を開始した場合には、その課税期間等

② 事業を営んでいない相続人が相続により被相続人の事業を承継した場合のその相続があった日の属する課税期間

③ 個人事業者である相続人が相続により課税事業者選択の規定の適用を受けていた被相続人の事業を承継した場合のその相続があった日の属する課税期間

④ 法人が吸収合併により課税事業者選択の規定の適用を受けていた被合併法人の事業を承継した場合のその合併があった日の属する課税期間（新設合併の場合は①に該当）

⑤ 法人が吸収分割により課税事業者選択の規定の適用を受けていた分割法人の事業を承継した場合のその吸収分割があった日の属する課税期間（新設分割の場合は①に該当）

⑥ その課税期間開始の日の前日まで2年以上国内において行った課税資産の譲渡等又は課税仕入れ及び保税地域からの課税貨物の引取りがなかった事業者が課税資産の譲渡等に係る事業を再び開始した課税期間

（記載事項の留意点）

　これらの期間に提出する場合であっても、その課税期間の翌課税期間から課税事業者を選択することもできるので、届出書の「適用開始課税期間」の欄にその期間を正しく記載し、適用時期の誤りがないようにすることが重要です。

(5)　2年間継続適用

　課税事業者選択の規定の適用を受けた事業者は、事業を廃止した場合を除き2年間は継続して適用しなければならないとされています（**8.**「消費税課税事業者選択不適用届出書」の項を参照）。

第1編　制度のあらまし

(6)　調整対象固定資産の仕入れ等を行った場合

　課税事業者選択をした事業者は、適用を開始した課税期間の初日から2年を経過する日までの間に開始した各課税期間中（簡易課税制度の適用を受ける課税期間を除く。）に調整対象固定資産の仕入れ等を行った場合には、事業を廃止したときを除き、その仕入れ等を行った課税期間から3年間は継続して適用しなければならないことになります（**8.**「消費税課税事業者選択不適用届出書」の項を参照）。

　また、その仕入れ等を行った課税期間から3年間は、簡易課税制度も適用することはできないため注意が必要です（**10.**「消費税簡易課税制度選択届出書」の項を参照）。

(7)　免税事業者から課税事業者となる場合の調整

　免税事業者が「消費税課税事業者選択届出書」を提出して課税事業者となる場合には、次の調整が必要となります。

①　仕入れに係る対価の返還を受けた場合（消法32①）

②　棚卸資産に係る仕入税額控除額の調整（消法36①）

③　売上げに係る対価の返還等をした場合（消法38①）

④　貸倒れがあった場合（消法39①）

(8)　年又は事業年度の中途からの課税事業者の選択

　免税事業者が、事業年度開始後にその年度中に多額の設備投資をすることになった場合など、事業年度の中途から課税事業者を選択したい場合があります。このような場合には、「消費税課税期間特例選択・変更届出書」と「消費税課税事業者選択届出書」とを提出して、その課税仕入れが生じる期間に課税事業者となるようにしなければなりません。

(9)　やむを得ない事情がある場合の特例

　課税事業者選択の規定の適用を受けようとする事業者が、やむを得

—43—

ない事情があるため「消費税課税事業者選択届出書」を所定の日まで
に提出できなかった場合において、その納税地を所轄する税務署長の
承認を受けたときは、所定の日に提出したものとみなす特例がありま
す（**9.**「消費税課税事業者選択（不適用）届出に係る特例承認申請書」の
項を参照）。

第1編　制度のあらまし

8.【消費税課税事業者選択不適用届出書】とは

（第2号様式）

✿ 選択をやめようとする課税期間の初日の前日までに提出が必要
⇒この届出書の様式と記載事項は第3編222-224ページを参照

概　　要

「消費税課税事業者選択届出書」を提出して課税事業者を選択していた事業者が、選択をやめようとするときは、「消費税課税事業者選択不適用届出書」（第2号様式）を納税地の所轄税務署長に提出する必要があります。

提出時期

この届出書の効力は、提出した日の属する課税期間の翌課税期間から生じます。

したがって、選択をやめようとする課税期間の初日の前日までにこの届出書を提出しなければならないこととなります。

注意すべき事項

この届出書は、事業を廃止した場合を除き、「消費税課税事業者選択届出書」の効力が生じた日から2年を経過する日の属する課税期間の初日以降でなければ提出することはできません。

なお、「消費税課税事業者選択届出書の効力が生じた日から2年を経過する日の属する課税期間の初日」とは、個人事業者又は事業年度が1年の法人の場合には、原則として「消費税課税事業者選択届出書」の効

—45—

力が生じた年の翌年の初日（個人事業者）又は効力が生じた事業年度の翌事業年度の初日（1年決算法人）となります。

◎「2年を経過する日の属する課税期間の初日以後」とは

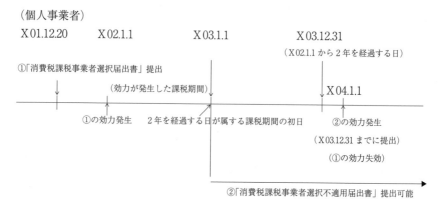

提出場面

「消費税課税事業者選択届出書」を提出していた事業者が2年経過、あるいは調整対象固定資産の課税仕入れ等を行っていた場合であって、その仕入れ等の日の属する課税期間の初日から3年を経過する日の属する課税期間の初日を経過する時点で、自らの意思で課税事業者になっていることをやめたほうが、消費税等の納税に関して有利に働く場合に提出します。

具体的には、「消費税課税事業者選択届出書」を提出してあえて課税事業者であることを選択していても還付される可能性がなくなるような事業形態に変更（輸出の取りやめ等）した場合などが想定されます。

第1編　制度のあらまし

9.【消費税課税事業者選択（不適用）届出に係る特例承認申請書】とは　　　　　　（第33号様式）

☆ やむを得ない事情がやんだ日から2月以内に提出が必要
⇒この申請書の様式と記載事項は第3編225-227ページを参照

概　　要

この申請書（第33号様式）は、やむを得ない事情により消費税法第9条第4項又は第5項の届出書をその適用（不適用）を受ける課税期間の初日の前日までに提出できなかった場合において、消費税法施行令第20条の2第1項又は第2項に規定する届出書の提出日の特例の承認を受けようとする事業者が提出するものです。

提出時期

やむを得ない事情があった場合の申請書の提出期限は、やむを得ない事情がやんだ日から2か月以内となります。

注意すべき事項

「消費税課税事業者選択（不適用）届出に係る特例承認申請書」は、届出書とは異なり、提出すれば認められるものではなく、納税者が税務署長に申請し、税務署長が承認してはじめて同時に提出する他の届出書が有効になるものですから、届出書と明確に区別する必要があります。

また、この申請書を提出し消費税課税事業者の選択をやめた場合であっても、「特例規定の適用を受けようとする（受けることをやめようとする）課税期間の初日及び末日」欄の課税期間の特定期間における課税売

—47—

上高（課税売上高に代えて給与等支払額の合計額によることもできる。）が
1,000万円を超えたことにより、その課税期間における納税義務が免税
されないこととなる場合は、「消費税課税事業者届出書（特定期間用）
（第3-(2)号様式」を提出することとなりますので、その点にも注意が
必要です（消法57①一）。

提出場面

　本来は、提出期日前までに「消費税課税事業者選択届出書」又は「消
費税課税事業者選択不適用届出書」を提出すべきであったところ、やむ
を得ない事情により提出できなかった場合に限って申請するものです。
　なお、税務署長の承認を受けた場合には、その適用（不適用）を受け
ようとする課税期間の初日の前日にその届出書を提出したものとみなさ
れます。

第1編　制度のあらまし

10.【消費税簡易課税制度選択届出書】とは

（第１号様式（従前の第24号様式））

✿ 適用を受けようとする課税期間の初日の前日までに提出が必要。

　なお、軽減税率制度に関する特例があります（詳細は、下記
「提出時期」の（2）を参照）。

⇒この届出書の様式と記載事項は第３編228-232ページを参照

概　　要

　「消費税簡易課税制度選択届出書」は簡易課税制度を選択する場合の
届出書（第24号様式）です。

提出時期

(1)　適用を受けようとする課税期間の初日の前日までに、その事業者
　が納税地を所轄する税務署長に提出しなければなりません。ただし、
　適用を受けようとする課税期間が事業を開始した日の属する課税期間
　である場合には、その課税期間の末日までに提出することになります
　（消法37①）。後述の「注意すべき事項」の(3)で確認して下さい。

(2)　簡易課税制度選択届出書の特例として、2019年（令和元年）10月１
　日から2020年（令和２年）９月30日までを含む課税期間については、
　適用を受けようとする課税期間の末日までに「消費税簡易課税制度選
　択届出書」を提出すれば、その課税期間から簡易課税制度の適用を受
　けることができます。

　　このため、2019年（令和元年）７月以降、簡易課税制度選択届出書
　の様式が変更されていますので、この点も注意して下さい。

—49—

(3) 調整対象固定資産を購入した場合においては、この「消費税簡易課税制度選択届出書」を提出できない場合があるため、注意が必要です。後述の「注意すべき事項」の(5)で確認して下さい。

注意すべき事項

(1) 記載上の留意点

「消費税簡易課税制度選択届出書」は、その提出をした日の属する課税期間の翌課税期間以後の課税期間（上記「提出時期」(2)の特例が適用される場合は、その課税期間から適用可）について簡易課税制度が適用されることになります。

(2) 提出できる事業者

簡易課税制度を適用できる事業者は、①「消費税簡易課税制度選択届出書」を提出した事業者で、かつ、②基準期間の課税売上高が5,000万円以下である事業者に限られています。

(3) 事業を開始した日の属する課税期間

提出した日の属する課税期間から簡易課税制度選択の規定が適用される課税期間とは、次のものをいいます（消令56①、消基通13-1-3の2、13-1-3の3、13-1-3の4）。

① 事業者が国内において課税資産の譲渡等に係る事業を開始した日の属する課税期間

② 事業を営んでいない相続人が相続により被相続人の事業を承継した場合のその相続があった日の属する課税期間

③ 個人事業者である相続人が相続により簡易課税制度選択の規定の適用を受けていた被相続人の事業を承継して課税事業者となる場合のその相続があった日の属する課税期間

④ 法人が吸収合併により簡易課税制度選択の規定の適用を受けてい

た被合併法人の事業を承継して課税事業者となる場合のその合併が
あった日の属する課税期間（新設合併の場合は①に該当）

⑤　法人が吸収分割により簡易課税制度選択の規定の適用を受けてい
た分割法人の事業を承継して課税事業者となる場合のその吸収分割
があった日の属する課税期間（新設分割の場合は①に該当）

なお、これらの期間に提出する場合であっても、その課税期間の翌
課税期間から簡易課税制度を選択することもできますので、届出書の
「適用開始課税期間」の欄にその期間を正しく記載し、適用時期の誤
りがないようにすることが重要なポイントになります。

(4)　2年間継続適用

簡易課税制度選択の規定の適用を受けた事業者は、事業を廃止した
場合を除き2年間は継続して適用しなければならないことになってい
ます（**11.**「消費税簡易課税制度選択不適用届出書」の項も参照）。

(5)　「消費税簡易課税制度選択届出書」を提出できない場合

次の期間は、「消費税簡易課税制度選択届出書」を提出することは
認められませんので注意が必要です。

①　「消費税課税事業者選択届出書」を提出した事業者は、適用を開
始した課税期間の初日から2年を経過する日までの間に開始した各
課税期間中に調整対象固定資産の課税仕入れ等を行った場合には、
その仕入れ等を行った課税期間の初日から3年を経過する日の属す
る課税期間の初日の前日までの期間（**7.**「消費税課税事業者選択届
出書」の項を参照）

②　消費税の新設法人又は特定新規設立法人が、調整対象固定資産の
仕入れ等を行った場合には、その仕入れ等を行った課税期間の初日
以後3年を経過する日の属する課税期間初日の前日までの期間（**3.**
「消費税の新設法人に該当する旨の届出書」、**4.**「消費税の特定新規設

立法人に該当する旨の届出書」の項を参照)

(6) やむを得ない事情がある場合の「消費税簡易課税制度選択届出書」の提出に係る特例

簡易課税制度選択の規定の適用を受けようとする事業者が、やむを得ない事情があったために、「消費税簡易課税制度選択届出書」を所定の日までに提出できなかったような場合においては、その納税地を所轄する税務署長の承認を受けたときは、所定の日に提出したものとみなす特例が設けられています（**12.**「消費税簡易課税制度選択（不適用）届出に係る特例承認申請書」（第34号様式）の項を参照）。

(7) 災害等による消費税簡易課税制度選択の特例

災害その他やむを得ない理由が生じたことにより被害を受けた事業者が、被害を受けたことにより、簡易課税制度選択の適用を受けることが必要となった場合において、その納税地を所轄する税務署長の承認を受けたときは、「消費税簡易課税制度選択届出書」をその適用を受けようとする課税期間の初日の前日に提出したものとみなす特例があります（**13.**「災害等による消費税簡易課税制度選択（不適用）届出に係る特例承認申請書」（第35号様式）の項を参照）。

第1編　制度のあらまし

11.【消費税簡易課税制度選択不適用届出書】とは

（第25号様式）

✿ 選択をやめようとする課税期間の初日の前日までに提出が必要
⇒この届出書の様式と記載事項は第3編233-235ページを参照

概　　要

　簡易課税制度の適用を受けている事業者が、その適用をやめようとする場合は、「消費税簡易課税制度選択不適用届出書」（第25号様式）を納税地の所轄税務署長に提出する必要があります（消法37④）。

提出時期

　この届出書の効力は、提出した日の属する課税期間の翌課税期間から生じます。

　したがって、簡易課税制度の適用を受けることをやめようとする課税期間の初日の前日までに、この届出書を提出しなければならないことになります。

注意すべき事項

　この届出書は、事業を廃止した場合を除いて、簡易課税制度の適用を開始した課税期間の初日から2年を経過する日の属する課税期間の初日以後でなければ提出することはできないとされていますので注意が必要です（消法37⑤）。

　なお、「簡易課税制度の適用を開始した課税期間の初日から2年を経過する日の属する課税期間の初日」とは、個人事業者又は事業年度が1

—53—

年の法人の場合には、原則として簡易課税制度を選択した課税期間の翌課税期間の初日となります。

提出場面

簡易課税制度の適用を受けている事業者が、簡易課税制度の選択適用をやめようとする場合に提出するものです。この「消費税簡易課税制度選択不適用届出書」を提出しない限り、簡易課税制度の選択は継続しますので、この点については実務上特に注意が必要となります。

第1編　制度のあらまし

12. 【消費税簡易課税制度選択（不適用）届出に係る特例承認申請書】とは　　　　　（第34号様式）

✿ やむを得ない事情がやんだ日から2月以内に提出が必要
⇒この申請書の様式と記載事項は第3編236-238ページを参照

概　　要

この申請書（第34号様式）は、やむを得ない事情により消費税法第37条第1項又は第4項の届出書をその適用（不適用）を受ける課税期間の初日の前日までに提出できなかった場合において、消費税法施行令第57条の2第1項又は第2項に規定する届出書の提出日の特例の承認を受けようとする事業者が提出するものです。

提出時期

やむを得ない事情があった場合の申請書の提出期限は、やむを得ない事情がやんだ日から2か月以内となります。

提出場面

簡易課税制度選択（不適用）届出に係る特例承認申請書は、年末に相続が発生した場合等で、簡易課税制度選択（不適用）届出書を期限まで提出できなかった場合に利用可能なものです。

—55—

13.【災害等による消費税簡易課税制度選択（不適用）届出に係る特例承認申請書】とは　　　（第35号様式）

✿ 災害等のやむを得ない理由がやんだ日から 2 か月以内に提出が必要
⇒この申請書の様式と記載事項は第 3 編239-241ページを参照

概　　要

　この申請書（第35号様式）は、災害その他やむを得ない理由が生じたことにより被害を受けた事業者が、災害等の生じた日の属する課税期間等について、簡易課税制度の適用を受けることが必要となった場合又は簡易課税制度の適用を受けている事業者がその適用を受けることの必要がなくなった場合に、消費税法第37条の 2 第 2 項（同条第 7 項において準用する場合も含む。）消費税法施行令第57条の 3 、消費税法施行規則第17条の 2 の規定に基づく手続です。よって、災害等により、簡易課税制度の適用（不適用）の変更が必要な事業者が、特例の承認を受けるために提出するものです。

提出時期

　申請書の提出期限は、災害その他やむを得ない理由のやんだ日から 2 か月以内となります。ただし、災害等のやんだ日がその申請に係る課税期間等の末日の翌日（個人事業者の場合は、当該末日の翌日から 1 月を経過した日）以後に到来する場合には、その課税期間等に係る申告書の提出期限までとなります。

—56—

第1編　制度のあらまし

適用場面

　災害等が発生したことにより、棚卸資産や固定資産に損失を受け、当期中に災害復旧費用等の支出が多額に生じる場合は、原則課税の適用を受けることで、消費税の還付が可能になる場合があります。ところが、簡易課税制度を適用している場合は、こうした消費税の還付ができません。通常の届出書（第25号様式）を提出した場合は、当期中の支出が多額になり消費税の還付が見込まれる場合でも、翌期からしか原則課税に戻ることはできません。このため、第35号様式は災害等が発生した当期から原則課税にするための特例手続き書類（申請書）となります。また、この特例適用が承認されたとしても、原則課税を2年間継続適用しなければならない等の要件はありません（消法37の2⑥）。よって、当期中に簡易課税制度選択届出書（第24号様式）を再度提出すれば翌期から簡易課税を適用することができます。

—57—

14.【消費税課税期間特例選択・変更届出書】とは

（第13号様式）

✿ 適用を受けようとする課税期間の初日の前日までに提出が必要

⇒この届出書の様式と記載事項は第３編242-245ページを参照

概　　要

　課税期間は、個人事業者は暦年、法人については事業年度ですが、「消費税課税期間特例選択・変更届出書」（第13号様式）を納税地の所轄税務署長に提出することにより、３か月又は１か月ごとに区分した期間に短縮することができます。

提出時期

　この届出書を提出して課税期間の特例を受けようとする場合には、特例を受けようとする又は変更しようとする短縮に係る課税期間（３か月又は１か月ごとに区分した期間）の初日の前日までに提出しなければいけません。ただし、新規開業等をした事業者については、この届出書を提出した日の属する課税期間（３か月又は１か月ごとに区分した期間）からこの特例の適用を受けることができます（消法19①）。

注意すべき事項

　この特例を適用することによって短縮された課税期間は、次のとおりとなります。

(1)　課税期間を３か月ごとに短縮又は変更する場合

　①　個人事業者の場合には、１～３月、４～６月、７～９月、10～12

—58—

月までの各期間

② その事業年度が3か月を超える法人の場合には、その事業年度を
その開始の日以後3か月ごとに区分した各期間（最後に3か月未満
の期間が生じたときは、その期間）

(2) 課税期間を1か月ごとに短縮又は変更する場合

① 個人事業者の場合には、1月1日以後1か月ごとに区分した各期
間

② その事業年度が1か月を超える法人の場合には、その事業年度を
その開始の日以後1か月ごとに区分した各期間（最後に1か月未満
の期間が生じたときは、その期間）

なお、暦年又は事業年度の途中でこの特例の適用を受けることとなっ
た場合には、その適用することとした課税期間の開始日以後、上記の各
区分に応じたそれぞれが一課税期間となります（消法19②）。

提出場面

輸出免税による還付申告書を提出する場合や「課税事業者選択届出
書」その他の「特例選択届出書」を期限まで提出できなかった場合の対
処法として、期間短縮制度の活用が検討される場合があります。

また、課税事業者を選択して、設備投資などについて消費税等の還付
を受ける場合には、還付見込額と納税見込額の試算のほかに、「課税事
業者選択不適用届出書」と「課税期間特例選択不適用届出書」を提出す
る時期や、「簡易課税制度選択届出書」と「課税期間特例選択不適用届
出書」を提出する時期をそれぞれ検討する必要があります。

15.【消費税課税期間特例選択不適用届出書】とは

（第14号様式）

✡ 適用をやめようとする課税期間の初日の前日までに提出が必要

⇒この届出書の様式と記載事項は第3編246-248ページを参照

概　　要

「消費税課税期間特例選択不適用届出書」は、課税期間の特例の適用をやめようとする場合に提出する届出書（第14号様式）です。

提出時期

この届出書の効力は、提出した日の属する課税期間の翌課税期間から生じます。

したがって、課税期間の特例の選択をやめようとする課税期間の初日の前日までに納税地の所轄税務署長に提出する必要があります。

注意すべき事項

課税期間の特例を選択した場合は、事業を廃止した場合を除き、2年間継続して適用した後でなければ、課税期間の特例をやめることはできませんので注意して下さい。なお、暦年又は事業年度の途中でこの特例の適用を受けることをやめた場合には、その適用しないこととした課税期間の開始日以後、その年の12月31日又はその事業年度の終了する日までが一課税期間となります（消法19④）。

—60—

第1編　制度のあらまし

提出場面

　この届出書は、課税期間特例の適用を受けている事業者が、その適用をやめようとする場合又は事業を廃止した場合に提出します（消法19③）。

16.【消費税課税売上割合に準ずる割合の適用承認申請書】とは
（第22号様式）

✿ 適用を受けようとする課税期間中に提出し、かつその課税期間の末日までに税務署長の承認を受けることが必要

⇒この申請書の様式と記載事項は第3編249-253ページを参照

概　　要

　課税売上割合に準ずる割合の適用の承認を受けようとする場合の申請書（第22号様式）です。この申請書は、控除対象となる仕入れに係る消費税額の計算方法として個別対応方式を採用している事業者が、課税資産の譲渡等とその他の資産の譲渡等に共通して要する課税仕入れ等の税額をあん分する基準として、課税売上割合に代えてこれに準ずる合理的な割合（課税売上割合に準ずる割合）を適用する場合に、その適用の承認を申請する場合に提出するものです（消法30③、消令47）。

提出時期

　適用の承認を受けようとするときには、この申請書を納税地を所轄する税務署長に提出しなければならないとされています。なお、課税売上割合に準ずる割合の適用は、税務署長の承認を受けた日の属する課税期間から適用することができます。

注意すべき事項

(1)　課税売上割合

　課税売上割合は、次の算式によって求めることになります。

—62—

第1編　制度のあらまし

$$課税売上割合 = \frac{課税期間中の課税資産の譲渡等の対価の額の合計額}{課税期間中の資産の譲渡等の対価の額の合計額}$$

(2) 課税売上割合に準ずる割合

個別対応方式を適用する場合に、(1)の課税売上割合に代えて、課税売上割合に準ずる割合により計算することができます（消法30③）。

課税売上割合に準ずる割合は、①その事業者の営む事業の種類又は当該事業に係る販売費、一般管理費その他の費用の種類に応じ合理的に算定されるものであり、②その納税地を所轄する税務署長の承認を受けたものになります。

(3) 課税売上割合に準ずる割合の適用範囲

課税売上割合に準ずる割合は、次のように適用することができます。

① 　その事業者が行う事業の全部について同一の割合を適用

② 　その事業者の営む事業の種類の異なるごとにそれぞれ異なる課税売上割合に準ずる割合を適用

③ 　その事業者の事業に係る販売費、一般管理費その他の費用の種類の異なるごとにそれぞれ異なる課税売上割合に準ずる割合を適用

④ 　その事業者の事業に係る事業場の単位ごとにそれぞれ異なる課税売上割合に準ずる割合を適用

ただし、適用すべき課税売上割合に準ずる割合のすべてについて税務署長の承認を受けなければならない点に注意が必要です。

(4) 課税売上割合に準ずる割合の算出基準の具体例

課税売上割合に準ずる割合の算出基準の具体例としては、次のようなものがあります。

① 　使用人の数又は従事日数の割合

② 　消費又は使用する資産の価額、使用数量、使用面積の割合

—63—

③ その他課税資産の譲渡等とその他の資産の譲渡等に共通して要するものの性質に応ずる合理的な基準により算出した割合

提出場面

　会社全体の課税売上割合を計算すると、課税売上割合が低く算出される場合でも、事業部門別に算出すると、個別対応方式を採用して課税売上割合に準ずる割合を適用した方が有利になるような場合には適用の承認申請を行うことができます。

　また、土地の売却等により非課税売上が多額となり、その課税期間だけ課税売上割合が低くなる場合にもこの申請を行うことができます。

第1編　制度のあらまし

17.【消費税課税売上割合に準ずる割合の不適用届出書】とは
（第23号様式）

☆ 適用をやめようとする課税期間の末日までに提出が必要
⇒この届出書の様式と記載事項は第3編254-257ページを参照

概　　要

　課税売上割合に準ずる割合の適用を取りやめようとする場合の届出書
（第23号様式）です。

提出時期

　課税売上割合に準ずる割合の適用を取りやめようとする課税期間の末
日までに、その事業者が納税地を所轄する税務署長に提出しなければな
らないとされています。

注意すべき事項

(1)　課税売上割合に準ずる割合については、継続適用の強制はありま
せん。

(2)　「消費税課税売上割合に準ずる割合の不適用届出書」を提出した日
の属する課税期間から不適用となります。

—65—

第 2 編
事例検討
（ケース・スタディ）

　ここでは、届出書・申請書を巡る消費税の実務対応において、過去のトラブル事例や判例・裁決の具体例を題材に、実務で誤りやすい留意事項について確認していくことにします。

PART Ⅰ	**実務で誤りやすい事例検討**（その１） 納税義務の判定や課税事業者・簡易課税の選択の事例

　ここでは納税義務の有無に関する判定や課税事業者の選択・簡易課税制度の選択を行う場合の実務上誤りやすい事例についてみていくことにします。

〔事例１〕法人の基準期間（設立初年度）の課税売上高による納税義務の判定

事例の概要

　X01年５月20日に設立登記（資本金500万円）を行った３月決算のＡ法人のX01年５月20日～X02年３月31日事業年度〔設立初年度〕の課税売上高は990万円であった。第１期目の課税売上高は1,000万円を超えていないため、X03年４月１日～X04年３月31日事業年度〔第３期目〕は、免税事業者になるものと判断して、所轄税務署へは何ら届出書の提出はしていない。

解　説

　X03年４月１日～X04年３月31日事業年度の前々事業年度が１年に満たないので、事業年度開始の日（X03年４月１日）の２年前の日の前日（X01年４月１日）から同日以後１年を経過する日（X02年３月31日）までの間に開始した各事業年度を合わせた期間（X01年５月20日～X02年３月31日）が基準期間となります。

—68—

第2編 事例検討（ケース・スタディ）

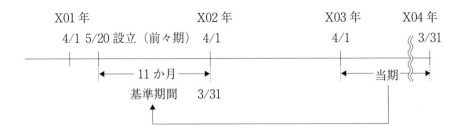

さらに、基準期間が1年でない法人のため、年換算を行う必要があります。よって、基準期間における課税売上高は1,080万円（＝990万円÷11か月×12）となるため、X03年4月1日～X04年3月31日事業年度（第3期）は、課税事業者となります。

したがって、その課税期間の基準期間における課税売上高が1,000万円を超えたことにより、課税事業者となる場合の届出書「消費税課税事業者届出書（基準期間用）」を、速やかに納税地を所轄する税務署長に提出することとなります。

Check Point!

基準期間における課税売上高の計算上、注意すべきポイント

(1) 消費税を除いた税抜価額で判定をします。
(2) 基準期間が免税事業者であった場合には、基準期間の売上高に消費税は含まれていないため、税抜処理は行いません。
(3) 基準期間における課税売上高の計算方法は、次の算式によります。
  ① 個人事業者又は基準期間が1年である法人

  基準期間における課税売上高 ＝ 課税売上高（税抜） － 売上げに係る対価の返還等の額（税抜）

② 基準期間が1年でない法人

$$上記①により計算した金額 \times \frac{12}{基準期間に含まれる事業年度の月数の合計数（注）}$$

（注）1か月に満たない端数は、これを1か月とします（法9③）。

個人事業者は、年換算を行う必要はありませんが、法人の場合は、年換算を行う必要がありますので注意して下さい。

第2編　事例検討（ケース・スタディ）

〔事例2〕個人事業者の新規開業適用要件の該当性

事例の概要

　給与所得者である甲は、定年退職を機に退職金を有効活用する計画を立て、自用地の上に、貸店舗を建築し、老後に備え一定の不動産収入を確保しようとしている。そこで、X06年中に完成する貸店舗の建築費について消費税の還付を受けるべく、X06年12月に「課税事業者選択届出書」を納税地の所轄税務署長に提出した。なお、甲は数年前から給与収入の他に自宅の一部を近隣の居住者に貸付けをしている貸駐車場2台分（舗装・区画整備をしたもの）、年額48万円の収入がある。

　翌年（X07年）の3月に、消費税の還付申告書を所轄税務署へ提出したところ、X06年は、甲は課税事業者にはならないため還付はできない旨の回答があった。

解　説

　本事例は、新規開業とはどのような場合をいうのか、つまり、新規開業の該当要件についての誤解によるミス事例です。

「課税事業者選択届出書」は事前提出が原則とされていますが、いわゆる新規開業の場合には、届出書の提出日の属する課税期間から課税事業者となることが認められています（消法9④、消令20一）。

　ただし、本事例での甲はここでいう「新規開業」には該当しないことに注意する必要があります。所得税法においては、個人事業者の営む事業が事業的規模か、それ以外かで一定の区別がされていますが、消費税

—71—

法では、その事業規模についての制限は設けられていません。よって、本事例のように、自宅の一部を近隣の居住者に月額4万円（2万円×2台）程度の金額で貸している駐車場の賃貸であっても、すでに事業を行っていることになり、新規開業には該当しないこととなりますので、「課税事業者選択届出書」は昨年（X05年）中に提出しておく必要があったということになります。

第2編　事例検討（ケース・スタディ）

〔事例3〕新設法人の特例適用要件の該当性（増資の場合）
～設立事業年度中に増資をした場合の納税義務の判定～

事例の概要

　A社は、会社設立時（X01年4月）の資本金が800万円であった。しかし、設立後すぐに、出資したいという知人からの申入れがあったため、同年5月に期中増資（200万円）したことにより資本金は1,000万円となっていた。

　関与税理士乙は、月次の試算表等で資本金が1,000万円と表示されていたため、A社は新設法人に該当し、第1期から課税事業者であると考えて、第1期目期末の提出期限までに「消費税課税事業者選択届出書」の提出はしていなかった。

　A社は、設立初年度に2期目以降の本格稼働に備えて最新の機械装置への設備投資を行っていたため、課税事業者の場合、消費税は還付申告となるはずであった。

　関与税理士乙は、第1期目の決算作業中に設立時の届出書類を確認してはじめて、A社は設立初年度である平成X02年3月期の消費税につき免税事業者であることに気付いた。この結果、A社の設立初年度の設備投資に係る消費税の還付は受けることができなかった。

解　　説

　基準期間がない法人の納税義務の免除の特例（消法12の2）は、基準期間のない事業年度開始の日において資本金が1,000万円以上である法人（新設法人）については、その基準期間がない事業年度は課税事業者

—73—

となるところ、関与税理士乙は、「期末資本金」が1,000万円以上と誤認していたために生じたミス事例です。

本事例では、設立年度中に「課税事業者選択届出書」を提出し課税事業者となっていれば、初年度の設備投資に係る消費税について、還付を受けられたことは明らかです。よって、「課税事業者選択届出書」を提出しなかったのは、税理士乙の単純なミスが原因と言えるでしょう。

なお、課税事業者を選択した場合は、2年間の継続適用要件がありますが、設立初年度中に増資し、期末において資本金が1,000万円以上（第2期の開始の日も同額）となっているため、翌期は課税事業者となり、この点での問題も生じない事例です（調整対象固定資産の仕入れ等を行っている場合は、3年間納税義務は免除されませんので注意が必要です）。

Check Point!

新設法人の納税義務の判定は、期末資本金の金額ではなく、期首資本金が1,000万円以上か1,000万円未満かで課税、免税の判断を行うことになります。

消費税法基本通達1-4-6（新規開業等した場合の納税義務の免税）

法第9条1項本文《小規模事業者に係る納税義務の免除》の規定の適用があるかどうかは、事業者の基準期間における課税売上高が1,000万円以下であるかどうかによって判定するのであるから、例えば、新たに開業した個人事業者又は新たに設立された法人のように、当該課税期間について基準期間における課税売上高がない場合又は基準期間がない場合には、納税義務が免税される。（以下省略）

第2編　事例検討（ケース・スタディ）

消費税法第12条の2第1項（新設法人の納税義務の免税の特例）※要約

　その事業年度の基準期間がない法人のうち、当該事業年度開始の日における資本金の額又は出資の金額が1,000万円以上である法人（以下「新設法人」という。）については、当該新設法人の基準期間がない事業年度に含まれる各課税期間における課税資産の譲渡等及び特定課税仕入れについては、第9条第1項本文の規定は、適用しない。

消費税法基本通達1-5-15（「新設法人」の意義）

　法第12条の2第1項《新設法人の納税義務の免除の特例》に規定する「新設法人」には、基準期間がない事業年度の開始の日における資本金の額又は出資の金額が1,000万円以上である法人が該当するのであるから、法人を新規に設立した事業年度に限らず当該設立した事業年度の翌事業年度以後の事業年度であっても、基準期間がない事業年度の開始の日における資本金の額又は出資の金額が1,000万円以上である場合には、新設法人に該当することとなるのであるから留意する。

〔事例4〕新設法人の特例適用要件の該当性（減資の場合）

～設立事業年度中に減資をした場合の納税義務の判定～

解　説

〔事例3〕とは逆に、資本金1,000万円以上で設立された法人が、設立事業年度中に減資をして資本金を1,000万円未満に減額した場合には、設立事業年度〔第1期〕は課税事業者となるものの、その翌事業年度〔第2期〕は期首の資本金が1,000万円未満の基準期間がない事業年度となりますので、消費税法第12条の2の規定により2期目の納税義務は免除されることになります。

なお、この場合でも特定期間の課税売上高による納税義務の判定（消法9の2）は必要となります。

第2編　事例検討（ケース・スタディ）

〔事例5〕過去に提出された「簡易課税制度選択届出書」 の効力

事例の概要

　A社は金属製品を製造する設立30周年を迎える株式会社である。関与税理士乙は2年程前からA社への関与を開始したが、関与前4～5年間におけるA社の消費税申告については、原則課税により行われていたことから、A社が簡易課税の選択を過去にしていることについては、全く知らなかった（A社は消費税導入当初より簡易課税を選択していたが、その適用が基準期間の課税売上高が5,000万円以下に引き下げられたことに伴い、最近は原則課税が適用されていた。）。

　税理士乙は、A社が、新しい工場へ移転すること及び新しい得意先を獲得するために新しい機械の導入が必要であることなどの説明や相談をX06年中に受けており、翌期・X07年に新工場移転に伴って高額な機械の購入を行うことの説明も受けていた。

　1年ほど前からA社の売上高が急激に落ち込み、前年・X05年（翌期・X07年の基準期間）の課税売上高が5,000万円以下となっていたことを税理士乙は当然に認識していたが、A社が過去に簡易課税制度を選択しているとは思いもせず、翌期・X07年の課税方式も原則課税が適用できるものと思いこんでいたため、X07年の課税期間は設備投資による消費税が還付される見込みであるとの説明をしていた。

　X07年の確定申告時期を迎え、所轄税務署より送付されてきた消費税の申告書が簡易課税用になっていたことから、税理士乙はその時に自分の犯したミスに気付いた。この結果、A社の社運をかけた工場の移転や

—77—

新型機械への設備投資に係る消費税の還付は、一切受けることができず、さらに、簡易課税による納税も必要となった。

解　説

本事例の場合、設備投資が計画されている課税期間（X07年）が簡易課税方式となることは、基準期間の課税売上高（X05年）からすれば当然の事実であったにもかかわらず、税理士乙は過去の届出書の提出確認を怠り、A社にとって不利な簡易課税方式の適用となったのは、税理士乙のミスであるといえるでしょう。

簡易課税方式は中小事業者の事務負担軽減のため設けられており、適用する場合には消費税簡易課税制度選択届出書の提出を要しますが、簡易課税制度は一度選択をすると「簡易課税制度選択不適用届出書」（消法37④）を提出するまでは選択届出書の効力は継続することとなります。税理士乙は、A社から設備投資の相談を受けた時点で、過去に提出されている届出書を確認し、提出期限（前事業年度末）のX06年期末までに「消費税簡易課税制度選択不適用届出書」を提出する必要がありました。ところが、税理士乙は届出書の提出履歴等の確認を怠り、不適用届出書の提出期限までに提出することを失念していました。A社が本則（原則）課税を選択していれば、A社は設備投資に係る消費税の還付は受けられたはずです。

Check Point! (1)

いったん簡易課税制度を選択した場合、その後に「簡易課税制度選択不適用届出書」を提出しなければ、「簡易課税制度選択届出書」の効力は続いていることに注意しなければいけません。

また、「課税事業者選択届出書」の効力も同様です。

第2編　事例検討（ケース・スタディ）

消費税法基本通達13-1-3　（簡易課税制度選択届出書の効力）※要約

「簡易課税制度選択届出書」は、課税事業者の基準期間における課税売上高が5,000万円以下の課税期間について簡易課税制度を選択するものであるから、当該届出書を提出した事業者のその課税期間の基準期間における課税売上高が5,000万円を超えることにより、その課税期間について同制度を適用することができなくなった場合又はその課税期間の基準期間における課税売上高が1,000万円以下となり免税事業者となった場合であっても、その後の課税期間において基準期間における課税売上高が1,000万円を超え5,000万円以下となったときには、当該課税期間の初日の前日までに「簡易課税制度選択不適用届出書」を提出している場合を除き、当該課税期間について再び簡易課税制度が適用されるのであるから留意する。

Check Point! (2)

納税者の過去の届出書・申請書の提出状況の確認は重要

納税者の過去の税務書類届出状況を確認することは、税理士として当然に履行すべき受任業務の一つであり、納税者が提出済書類を保存していない場合や届出状況を覚えていない、あるいは記憶があいまいな場合には、税務署に対して照会し確認をすることが必要となります。

また、電子申告を行っている場合、過去の届出書・申請書の提出状況の確認はメッセージボックスで行うことができますので、必ずチェックして下さい。

〔事例6〕 簡易課税制度の継続適用義務

事例の概要

　A社は X02年7月1日に設立した資本金1,000万円の12月末決算法人であり、設立事業年度中（第1期）に「簡易課税制度選択届出書」を提出し、設立事業年度から簡易課税制度の適用を受けていた。A社は来期（＝第3期・X04年1月1日〜 X04年12月31日）中に予定されている設備投資について消費税の還付を受けるべく、当期（＝第2期・X03年1月1日〜 X03年12月31日）中に「簡易課税制度選択不適用届出書」を提出したところ、所轄税務署より当期中に同届出書の提出はできないことから届出書を取り下げるよう指導された。

解　説

　本事例でのポイントは、簡易課税の拘束期間にあります。「簡易課税制度選択不適用届出書」は簡易課税を適用した課税期間の初日から2年を経過する日の属する課税期間の初日以降でなければ提出できないこととされています（消法37⑥）。

　簡易課税制度の適用を受けている課税期間中は、多額の設備投資があったとしても消費税の還付を受けることができません。このため、消費税の還付を受けるためには、あらかじめ設備投資などが実行される課税期間が開始する前までに「簡易課税制度選択不適用届出書」を提出し、仕入控除税額の計算方法を本則（原則）課税に変更しておく必要があります（消法37⑤、⑦）。ここで注意すべき点は、2年を経過する日の属す

—80—

第2編　事例検討（ケース・スタディ）

る課税期間の初日がいつになるかということです。

　例えば、個人事業者がX02年から簡易課税を適用した場合には、簡易課税を適用した課税期間の初日（X02年1月1日）から2年を経過する日はX03年12月31日となりますので、X03年1月1日以降に「簡易課税制度選択不適用届出書」を提出することにより、その翌年であるX04年から本則課税に変更することができます。

　これに対し、本事例の場合には、簡易課税を適用した課税期間の初日（X02年7月1日）から2年を経過する日（X04年6月30日）の属する課税期間（X04年1月1日〜X04年12月31日）の初日（X04年1月1日）以降でなければ「簡易課税制度選択不適用届出書」の提出はできませんので、その結果、設備投資を予定している来期（第3期）からの本則（原則）課税への変更はできないこととなります。

〔本事例の場合〕

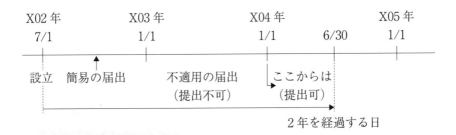

Check Point!（1）

　初年度の課税期間が1年未満の新たに設立された法人において、第1期目から簡易課税を適用した場合には、第3期目まで簡易課税が強制適用となることに留意して下さい。

Check Point! (2)

　本事例と同様の新設法人の場合、調整対象固定資産の仕入れ等、高額特定資産の仕入れ等及び自己建設高額特定資産の建設等の完了があった日の属する課税期間の初日以後3年を経過する日の属する課税期間の初日の前日までの期間も「簡易課税制度選択不適用届出書」の提出はできませんので、注意して下さい。

One Point Advice!

課税期間短縮制度の活用の検討

　本事例において、もし設備投資がX04年7月1日以降に実行される場合には、X04年6月30日までに「課税期間特例選択・変更届出書」を提出して課税期間を3か月に短縮し、同日までに「簡易課税制度選択不適用届出書」を提出することにより、X04年7月1日～X04年9月30日の課税期間（短縮後）から本則（原則）課税に変更することが可能です。

（注）　なお、課税期間の特例の適用を受けた場合は、特例の適用を受けた日の属する課税期間の初日から2年を経過する日の属する課税期間の初日以後でなければ、特例の適用をやめるための不適用届出書の提出ができませんので、注意して下さい。

〔本事例〕 第3期のX04年8月1日に設備投資が行われる場合
（課税期間の短縮なし）

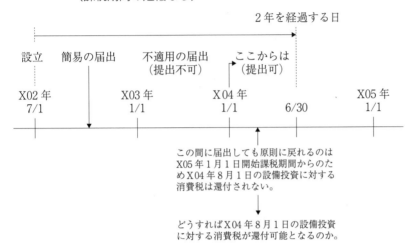

〔ケース1〕 課税期間の短縮を行った場合
（3月ごとの課税期間短縮で対応）

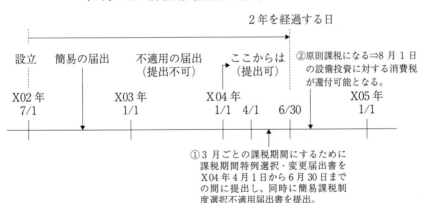

〔ケース2〕 課税期間の短縮を行った場合
（1月ごとの課税期間短縮で対応）

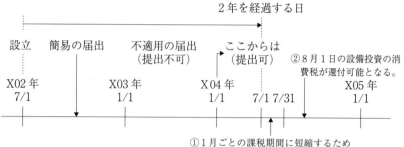

第2編　事例検討（ケース・スタディ）

〔事例7〕 新たに設立された法人の「課税事業者選択届出書」の適用開始時期の誤記入

事例の概要

　A社は、資本金500万円で法人を設立し、新設当初より乙税理士事務所に税務顧問を依頼している。A社からの要請で、乙税理士事務所の担当職員丙は、設立事業年度の翌事業年度（第2期目）から課税事業者を選択するために、設立事業年度末（第1期目末）に「課税事業者選択届出書」を納税地の所轄税務署長に提出した。

　翌期に入り第1期の確定申告時期を迎えた。所轄税務署からA社に送付された申告書類一式を預かった乙税理士事務所の担当職員丙は、法人税の申告書と共に、消費税の申告書が同封されてきたことを不審に思い、自己が提出した「課税事業者選択届出書」の控を確認したところ、誤って適用開始課税期間の欄に設立事業年度（第1期目）の年月日を記載していたことに初めて気付いた。

解　説

　本事例は、新たに設立された法人の課税事業者の選択時期の記載誤りによるミス事例です。資本金1,000万円未満で設立された法人は、設立事業年度と翌事業年度のどちらからでも課税事業者を選択することが認められています。いずれの場合においても「課税事業者選択届出書」の提出期限は設立事業年度末（第1期目末）となりますので、「適用開始課税期間」の記載については、書き間違いや書き漏れがないようにことさら注意する必要があります（消法9④、消令20一、消基通1-4-14）。

—85—

Check Point!

　本事例のように、適用開始課税期間の記載を誤った場合の他、適用開始課税期間の記載漏れがある（空欄にしている）ような場合には、届出書の提出そのものが無効となる危険性もありますので提出前に記載内容を必ず再確認して下さい。

第２編　事例検討（ケース・スタディ）

〔事例８〕新設法人の第３期目の納税義務

事例の概要

　A社はタイとマレーシアの現地法人が各々1,000万円を出資して設立した資本金2,000万円の内国法人である。同社は、国内でアニメキャラクター商品を仕入れ、主として東南アジアの国々に輸出することを主たる業務としている。このため、本格的に貿易が開始されると、経常的に消費税の輸出免税による還付が見込めることから、課税期間を３か月に短縮して消費税の還付申告を行いたい旨を会社設立時から関与している税理士乙に相談しており、税理士乙は第１期目の期末までに、「課税期間特例選択・変更届出書」を提出し、３か月毎の課税期間を選択した。

　ところで、A社（３月末決算）の設立事業年度は３か月未満（X01年１月10日～３月末日）であり、開業準備行為だけで終了したため課税売上高はゼロであった。第２期目は、新設法人の特例に該当していたため、３か月毎に還付申告書の提出を行い、A社は輸出免税による消費税の還付を受けることができた。

　その後、前期と同様に設立３期目の第１四半期（X02年４月１日～６月30日）における還付申告書を提出したところ、所轄税務署より、A社の第３期は免税事業者となるため、消費税の還付申告はできない旨の説明があった。

解　説

　本件事例のA社のような輸出を主たる業務とする法人の場合には、第

—87—

2期目の決算日までに「課税事業者選択届出書」を提出しておく必要があったのを失念してしまったミス事例です。

新設法人の納税義務の特例として、期首の資本金が1,000万円以上の新設法人は、基準期間のない設立事業年度（第1期目）と翌事業年度（第2期目）の納税義務は免除されませんが、設立第3期目は、決算期を変更しない限り、設立事業年度（第1期）が基準期間となりますので、基準期間の課税売上高を年換算して納税義務を判定することになります。

したがって、本事例のように設立事業年度中の課税売上高がゼロの場合には、ゼロを年換算してもゼロ（1,000万円以下）となり、第3期目の納税義務は免除されることになります。

免税事業者であれば、申告書の提出及び納税の義務もありませんが、他方で消費税の還付を受ける権利もないことになります。

> **Check Point!**
>
> **新設法人の納税義務の特例適用対象となる法人は、第2期目末での有利選択の判断が必要**
>
> 本事例のような設立第3期目の選択ミスは、多発しているようです。その理由としては本事例でもみてきたように設立第1期と第2期には、実際に消費税の還付を受けていたので、第2期末までに届出が必要であることを失念していたというものです。
>
> 消費税法上の新設法人（資本金1,000万円以上）に該当する場合には、

必ず第2期目末において、納税者から第3期目以降の設備投資計画、事業計画等を事前確認し、消費税に関する有利選択の判断を行うことが必要と思われますので、その点に注意して下さい。

One Point Advice! (1)

本事例において、X02年10月1日以降の輸出取引については、X02年9月30日までに「課税事業者選択届出書」を提出して、課税事業者となることで、X02年10月1日〜X02年12月31日の課税期間から輸出免税による還付を受けることが可能です。

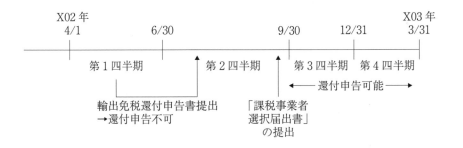

One Point Advice! (2)

その他、一定の要件を満たせば、特定期間における納税義務の判定結果で課税期間の開始後でも、輸出免税及び設備投資等に伴う「課税・免税」の有利選択を行える（還付）可能性を検討してみて下さい。
〔具体例〕 特定期間の課税売上高が1,000万円超で、給与等支払額が1,000万円以下の事業者の場合は、「課税事業者選択届出書」を失念等により前期末までに提出していなくても、「課税事業者届出書（特定期間用）」を速やかに提出すれば、当期も課税事業者になることが可能です。

〔事例9〕 3年間の休業後に、事業を再開した場合の納税義務

事例の概要

　個人事業者である甲は、病気療養のため X01年から3年ほど休業していたが、病気が完治したため、X04年の夏頃から事業を再開するための準備を行っている。3年余りの休業期間中に生産設備が劣化・陳腐化したことに伴い、再開に向けて X04年は設備投資が多額となる見込みである。前年末（X03年）までに、消費税について何らの届出もしていないため、X04年は免税事業者になり設備投資に対する消費税の還付ができないのかについて、従来の関与税理士である乙に相談した。

　税理士乙は、「甲は個人事業主のため前々年の課税売上高で納税義務を判定することになりますが、基準期間の課税売上は休業中でゼロのため、X04年は免税事業者になります。また、甲は過去に事業をしていたため、新規開業にも該当しません。前年末（X03年）までに『課税事業者選択届出書』を提出していれば、X04年から課税事業者になり、設備投資の消費税還付を受けることができたはずですが……」との回答を行った。甲は、やむなく X04年の設備投資に係る消費税還付をあきらめることとなった。

解　説

　本事例は、税理士乙の誤った回答（消費税法上の手続規定の不知）によるミス事例といえるでしょう。

　甲は、事業を再開した年の年末までに、「消費税課税事業者選択届出

—90—

第2編 事例検討（ケース・スタディ）

書」を提出すれば、課税事業者として還付申告をすることができます。

　２年以上の間、課税資産の譲渡等を行っていない事業者が、事業を再開した際のその再開した年に係る消費税の取扱いについては、新たに事業を開始した場合と同様の取扱いとなります。したがって、事業を再開した年の「課税事業者選択届出書」の提出期限は、その年（X04年）の年末までとなります。

消費税法第９条第４項（小規模事業者に係る納税義務の免除）

　第１項本文の規定により消費税を納める義務が免除されることとなる事業者が、その基準期間における課税売上高が1,000万円以下である課税期間につき、第１項本文の規定の適用を受けない旨を記載した届出書をその納税地を所轄する税務署長に提出した場合には、当該提出をした事業者が当該提出をした日の属する課税期間の翌課税期間（当該提出をした日の属する課税期間が事業を開始した日の属する課税期間その他の政令で定める課税期間である場合には、当該課税期間）以後の課税期間（その基準期間における課税売上高が1,000万円を超える課税期間を除く。）中に国内において行う課税資産の譲渡等及び特定課税仕入れについては、同項本文の規定は、適用しない。

消費税法施行令第20条（事業を開始した日の属する課税期間等の範囲）

　法第９条第４項に規定する政令で定める課税期間は、次に掲げる課税期間とする。

一　事業者が国内において課税資産の譲渡等に係る事業を開始した日の属する課税期間

二〜四　省略

—91—

消費税法基本通達1-4-8（過去2年以上課税資産の譲渡等がない場合の令第20条第1号の適用）

　令第20条第1号《事業を開始した日の属する課税期間等の範囲》に規定する「課税資産の譲渡等に係る事業を開始した日の属する課税期間」には、その課税期間開始の日の前日まで2年以上にわたって国内において行った課税資産の譲渡等又は課税仕入れ及び保税地域からの課税貨物の引取りがなかった事業者が課税資産の譲渡等に係る事業を再び開始した課税期間も該当するものとして取り扱う。

第2編　事例検討（ケース・スタディ）

〔事例10〕「簡易課税制度選択届出書」の提出失念

事例の概要

　甲は、中古車の販売を扱うディーラーとして個人事業を営んでいたが、近隣にできた大規模な中古車センターとの競争の激化等の影響を受けて、X04年12月期の課税売上高が1,000万円以下となった。甲の関与税理士である乙は、甲の消費税に関しては、実際の仕入率（国産中古車の仕入れ）がみなし仕入率を超えていたため、従前から「原則課税」が有利であると判断し、それを選択してきた。

　なお、甲は近隣の中古車センターとの差別化を図るべく税理士乙のアドバイスにしたがい、X04年12月期の終わり頃から高級外車の中古車販売を徐々に手がけるようになっていた。

　甲は、X04年12月期の課税売上高が1,000万円以下となったため、2年後のX06年12月期は免税事業者となり、免税事業者となる直前の課税期間であるX05年12月期については、期末棚卸資産に係る消費税の調整規定を考慮した上で、課税方式を「原則課税」とするか「簡易課税」とするかの有利選択が必要であった。

　ところが、税理士乙は自らアドバイスをしていたにもかかわらず、消費税計算における注意を怠り、上記の選択についての期末棚卸資産に係る税額の調整規定を考慮することなく、X05年12月期について、何らの届出も行っていなかったので、「原則課税」を継続させることとなった。

　この結果、数台の高級外車を期末在庫として保有していたため、消費税の免税事業者となる直前課税期間のX05年12月期の消費税の確定申告

—93—

において、期末棚卸資産に係る消費税の調整により、簡易課税を選択した場合に比べて過大納付が発生した。

解　説

　本事例は、関与税理士乙が、簡易課税の場合には棚卸資産に係る消費税額の調整をする必要がないことを見落としていたために生じたミス事例です。

　課税事業者が免税事業者となる場合、「原則課税」では免税事業者となる直前の期末棚卸資産については、その棚卸資産に係る消費税額は、その課税期間の課税仕入れ等の税額から控除することになります（消法36⑤）。

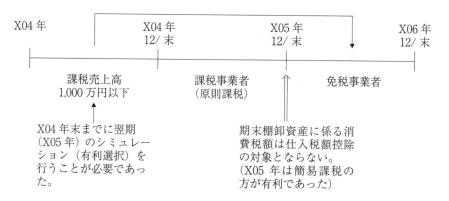

　本事例では、甲は従前の事業形態（国産中古車の販売）であれば原則課税が有利でしたが、新たな事業形態（高級外車の中古車販売）での課税事業者が免税事業者となる場合の棚卸資産に係る消費税額の調整を加味すれば簡易課税の方が有利でした。つまり、消費税の免税事業者となる直前の課税期間（X05年12月期）について、甲は保有している高級外車の期末棚卸資産に係る消費税の控除規定を考慮すると「簡易課税」が有利であったにもかかわらず、関与税理士乙は何らシミュレーションを

第2編　事例検討（ケース・スタディ）

せずに不利な「原則課税」を継続させ、この結果、消費税計算で過大納付が発生しました。

Check Point!

（STEP1）棚卸資産を有する業種には注意が必要

〔事例10〕は課税事業者から免税事業者になるケースですが、逆に免税事業者から課税事業者となるケースでは、期首の棚卸資産に係る消費税額について課税事業者となる課税期間の課税仕入れ等の税額とみなすこととされています（消法36①）。

したがって、免税事業者から課税事業者となる場合には、単年度の損益見込や設備投資計画に期首の棚卸資産有高を考慮した上で、課税方式を「原則課税」とするか「簡易課税」とするかの選択が必要となります。なお、〔事例10〕の解説のとおり免税事業者となる直前課税期間について「簡易課税」を適用する場合には、期末棚卸資産に係る消費税の調整規定の適用はないこととされています。

（STEP2）棚卸資産を有する業種で免税から課税事業者になる場合と課税から免税事業者になる場合に注意が必要

具体的には、次のようなケースでは有利選択の検討が必要となります。

（ケース1）

資本金1,000万円未満の法人又は個人の場合いずれにおいても特定期間の課税売上高が1,000万円未満の場合には、原則的には設立第1期目と第2期目が免税事業者となるので第3期の課税方式を検討するときに、期首棚卸資産に係る消費税の調整規定を考慮する必要があります。

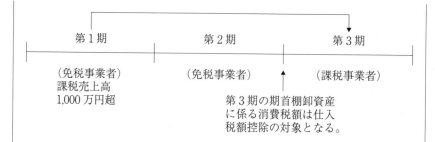

(ケース2)

　資本金1,000万円以上の法人の場合には、第3期が免税となるときに、第2期の課税方式を検討する際、期末棚卸資産に係る消費税の調整規定を考慮する必要があります。

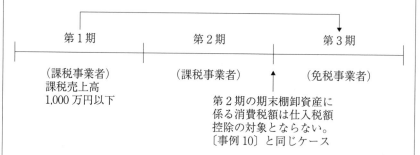

(ケース3)

　個人でも法人でも、設立後3年以上経過した後は、新たに課税事業者となるとき、または、免税事業者となるときは、棚卸資産の調整規定を考慮した上で課税方式の有利選択を行う必要があります。

　なお、上記のいずれのケースでも平成25年1月1日以後に開始する年又は事業年度については、基準期間の課税売上高が1,000万円以下であっても特定期間の課税売上高が1,000万円を超えた場合には、当該課税期間から課税事業者となりますので、注意が必要です。

第2編　事例検討（ケース・スタディ）

One Point Advice!

　棚卸資産に係る消費税額の調整は、棚卸資産を有する業種に限られますが、代表的な卸売業や小売業のほか、棚卸資産には本件のような高級外車や貴金属、販売用の建物等も含まれますので高額な棚卸資産を扱う事業には、特に注意が必要となります。

〔事例11〕「課税事業者選択届出書」の提出失念

事例の概要

甲は、不動産賃貸業（従前はすべて居住用の賃貸物件のみ扱っていた）を営む個人で、消費税の免税事業者に該当していた。X03年、甲はテナント併用賃貸マンションの建設を計画し、X03年中にそれを実行した。この建設予定マンションは5階建ての物件であり、2階以上の高齢者向けの居住用賃貸住宅だけではなく1階には医院が併設される予定であった。

関与税理士乙（甲の不動産所得の決算、申告のみを受任していた）は、このテナント併用賃貸マンション建設の説明を依頼者である甲から電話で相談を受けた際、新築物件がただ単に5階建ての「マンション」であるというだけで全戸居住用であると勘違いし、消費税還付は最初から不可能と判断したため、その旨を依頼者甲に回答した。その結果、甲は「課税事業者選択届出書」を提出しなかった。

関与税理士乙が消費税還付の可能性を認識したのは、X04年2月中旬に甲のX03年分の確定申告書を作成する段階で、そのミスに気付いた。しかし、すでに甲はX03年の建物の建築工事代金に係る消費税の還付を受けることができなくなっていた。

解　説

本事例は、税理士乙が、従来の甲の賃貸物件がすべて居住用であったため、テナント併用賃貸マンションを全戸居住用物件であると誤認し、

—98—

第2編　事例検討（ケース・スタディ）

「課税事業者選択届出書」を期限内に提出するようアドバイスしなかったため、建築工事代金に係る消費税の還付を受けることができなかったミス事例です。

　つまり、賃貸マンションの場合には、居住用部分の収入は非課税売上げになるため、原則として建築工事代金に係る消費税の還付を受けることはできません。しかし、テナント（店舗・事務所等）として賃貸する場合には賃貸料収入が課税売上げとなるため、消費税の還付を受けることが可能です。

　なお、免税事業者が消費税の還付を受けるために課税事業者を選択する場合には、適用課税期間開始の日の前日までに「課税事業者選択届出書」を提出しなければなりません。また、「課税事業者選択届出書」を提出した事業者は2年間は課税事業者を継続しなければなりません。

　さらに、平成22年度改正により課税事業者を選択した事業者が、課税事業者の適用される期間中に、調整対象固定資産の課税仕入れを行った場合において、その課税仕入れを行った課税期間につき、原則課税方式により申告する場合には、「その調整対象固定資産の課税仕入れを行った課税期間の初日から3年を経過する日」の「属する課税期間の初日」以後でなければ、「課税事業者選択不適用届出書」及び「簡易課税制度選択届出書」を提出することはできません。つまり、原則として調整対象固定資産の課税仕入れを行った課税期間から3年間は原則課税方式による申告が強制されるため、その強制される期間を通じた消費税納税の有利選択が必要になります。

Check Point!

　税理士は決算・申告のみを受任している月次関与のない納税者であったとしても、電話による対応ではなく、直接納税者からマンション建築計画に関する図面や建築会社等が作成した数年間の事業計画書等の情報を入手することが必要と思われます。これらの情報を的確に把握していれば、2年目、3年目の納付税額を考慮しても、「課税事業者選択届出書」を提出し消費税の還付を受けた方が有利か否かを判断できる状況にあったといえるでしょう。

　高額特定資産の取得等に係る仕入税額控除の特例措置の創設により、有利選択の判断はますます複雑になっています。

　本事例のようなケースでは、必ずシミュレーションが必要となっていることに留意して下さい。

第2編　事例検討（ケース・スタディ）

〔事例12〕「簡易課税制度選択届出書」の誤提出

事例の概要

　A社はX01年4月に設立された資本金1,000万円の日用品の卸売業を営む株式会社である。税理士乙はA社の設立当初から関与しており、設立に関する各種届出書については、担当である事務所職員丙が作成したものに署名・押印した後、所轄税務署に提出していた。A社の担当を任せられた乙税理士事務所の職員丙は、入所1年目の新人で、実務に不慣れであったこともあり、以前に乙税理士事務所の他の職員が作成した別法人の届出書を参考にして、A社の各種届出書を作成した。この際に、参考とした別法人は設立期から業績が好調だったサービス業で、消費税については簡易課税方式が有利との判断から「簡易課税制度選択届出書」が提出されていた。

　しかし、A社については設立第1期に開業費及び設備投資等で多額の支出が見込まれており、原則課税方式の方が有利な状況にあった。職員丙は法人設立届出書等の基本的な届出書のみならず、消費税の届出書についても検討を行うことなく、別法人のものを真似て作成し、提出していた。その結果、本来選択すべきでなかった簡易課税方式が選択されることとなり、簡易課税方式による消費税の過大納付が発生する事態となった。第1期の確定申告に際して、この過大納付消費税のミスについて、A社代表者の知るところとなり、乙税理士事務所はその責任を問われることとなった。

—101—

解　説

　本事例は、乙税理士事務所の担当職員丙は、月次の訪問でＡ社の開業費や設備投資の支払いが多額になっていたことを知りながら、法人の青色申告の承認申請書等とともに、早々に「簡易課税制度選択届出書」を提出したために、簡易課税方式による消費税の過大納付が発生したミス事例です。

　その事業年度の基準期間がない法人のうち、その事業年度開始の日における資本金の額が1,000万円以上である法人については、新設法人に該当し、消費税法第９条第１項本文の適用がなく、課税事業者として取り扱われます。したがって、Ａ社は新設法人に該当し、設立第１期目、第２期目は課税事業者に該当することになります。

　通常、設立第１期は多額な開業費や設備投資等が見込まれるため、本則（原則）課税の方が有利なケースは多いものと思われます。

Check Point!

　単純なミスのように思われますが、届出書・申請書等の作成に当たっては、安易に別法人のものを真似て作成することのないようにしなければいけません。特に、消費税に関する届出書・申請書は様式・記載内容について細心の注意（提出前の再確認等）が必要です。

第2編　事例検討（ケース・スタディ）

〔事例13〕「課税事業者選択届出書」の誤提出

事例の概要

　個人事業主である甲が初めて消費税の課税事業者となる（X01年の課税売上は、1,100万円であった）のに際し、本来は「課税事業者届出書」を提出すべきところ、乙税理士事務所の担当職員丙が誤って「課税事業者選択届出書」を作成し、所長税理士乙も、そのまま届出書に署名・押印してX02年に所轄税務署へ提出をしていた。

　届出書の提出直後のX03年分の申告の際には、基準期間（X01年）の課税売上高が1,000万円を超えていたことから、上記の届出書の誤提出を原因とする過大納付は発生しないため、「課税事業者選択届出書」の誤提出の存在に誰も気付かなかった。

　甲の売上げが低迷したX02年は、課税売上高が900万円となったため、税理士乙及び甲はX02年を基準期間とするX04年分の申告では、当然に免税事業者となるものと認識していた。

　ところが、X04年分の申告時期が訪れ、所轄税務署から所得税の確定申告書とともに消費税の申告書用紙が送付されてきたことから、過去の届出書の誤提出が発覚し、甲のX04年分の過大納付消費税が発生することとなった。

解　説

　本事例は、「課税事業者届出書」を提出すべきところ「課税事業者選択届出書」を誤提出したため、基準期間の課税売上高が1,000万円以下

—103—

となったにもかかわらず、課税事業者として申告・納付義務が継続し、消費税の過大納付が発生したミス事例です。

　消費税の届出書の多くは選択届出書であり、事業者の意思により提出されるものですが、「課税事業者届出書」は事業者の意思にかかわらず基準期間（又は特定期間）の課税売上高が1,000万円を超える場合は、当該届出書の提出が必要となります。なお、「課税事業者届出書」の提出を失念したからといって、免税事業者となるわけではなく、当該届出書の提出の有無にかかわらず基準期間（又は特定期間）の課税売上高が1,000万円を超えていれば、課税事業者として申告・納税義務を有することになります。

　一方、「課税事業者選択届出書」は、届出をしなければ免税事業者となる場合に、あえて課税事業者として申告することを選択する場合（設備投資や輸出免税による還付が見込まれる場合等）に、提出を行うことになります。

　なお、「課税事業者選択届出書」は、税法上の手続規定に基づいた納税者の意思表示のため「課税事業者選択不適用届出書」を提出しない限り、その効力は継続されますので注意して下さい。

Check Point!

　消費税法上において、「選択」という2文字があるかないかの違いは、その取扱いを全く異なるものにしてしまいます。したがって、各種の届出書を提出する際には、届出書の種類を取り違えることのないよう十分な注意が必要です。

　また、課税事業者が免税事業者となる場合、または免税事業者が課税事業者となる場合には、以前にどのような種類の届出書を提出していたかの確認も重要です。

第2編　事例検討（ケース・スタディ）

　本事例においても、免税事業者となるに際して、納税義務が変更となる直前課税期間末で、過去にどのような届出書を提出していたかの再確認をしていれば、ミスは未然に防げたはずです。

〔事例14〕「簡易課税制度選択不適用届出書」の提出失念

事例の概要

サービス業を営む個人事業者甲は、以前から消費税につき簡易課税方式を選択していたが、数年前から免税事業者に該当することになり、その際「納税義務者でなくなった旨の届出書」を遅滞なく所轄税務署に提出していた。

その後、甲は新事業所を建設することになり、その旨を関与税理士乙に相談して経営・税務・資金面での助言を求めた。そこで、税理士乙は課税事業者を選択し消費税の還付を受けるよう助言したが、過去に選択していた簡易課税方式について「納税義務者でなくなった旨の届出書」を提出したことにより、その適用がなくなるものと誤解していた。

税理士乙は、免税事業者である甲が消費税還付を受けられるように「課税事業者選択届出書」を期限内に提出したが、同時に提出すべき「簡易課税制度選択不適用届出書」は提出していなかった。この結果、甲は設備投資に係る消費税の還付を受けられなかったばかりか、課税事業者を選択したために簡易課税方式による納税が発生してしまうこととなった。

解　説

本事例は、税理士乙が「納税義務者でなくなった旨の届出書」を提出することにより簡易課税方式の効力がなくなるものと誤解し、「簡易課税制度選択不適用届出書」を提出しなかった結果、設備投資に係る消費

税が還付不可となったミス事例です。

「納税義務者でなくなった旨の届出書」とは、課税売上高が1,000万円以下となった場合に、その課税期間を基準期間とする課税期間について小規模事業者に係る納税義務の免除の規定により納税義務がなくなったことを届け出るものです。甲は、過去に簡易課税方式を選択していましたが、関与税理士乙は甲が免税事業者となった際に「納税義務者でなくなった旨の届出書」のみを提出し、当該届出書により簡易課税方式の効力もなくなったものと誤解していました。簡易課税方式の選択は、「簡易課税制度選択不適用届出書」を提出しない限り、その効力は継続することになります（〔事例5〕消費税法基本通達13-1-3（79ページ）参照）。

Check Point!

　簡易課税方式を選択している事業者が免税事業者の場合、消費税の還付を受けるためには、「課税事業者選択届出書」と「簡易課税制度選択不適用届出書」の両届出書を併せて提出する必要があることに注意して下さい。

〔事例15〕「簡易課税制度選択不適用届出書」の提出期限の
特例

事例の概要

　A社では当期（X02年）において、工場が火災で全焼してしまった。
そのため、当期中に事業を再開するべく工場の新築、機械の再取得等に
よる多額の設備投資での支出を見込んでいる。

　A社は従来より簡易課税制度の適用を受けて消費税の申告を行ってい
たが、多額の設備投資があることから、経理担当者は当期中に簡易課税
の適用を取りやめ、本則（原則）課税に変更することを思案していた。
当期中における取りやめがはたして可能かどうかを関与税理士乙に問い
合わせたところ「簡易課税制度選択不適用届出書」の提出期限はすでに
徒過しており、当期からの適用はできないとの回答があった。やむなく
A社は当期の工場再建の設備投資に係る多額の消費税還付をあきらめる
こととなった。

解　説

　本事例は、関与税理士乙の誤った回答（消費税法上の手続規定の不知）
によるミス事例です。

　火災などのやむを得ない理由のある場合には、当期中でも「簡易課税
制度選択不適用届出書」を税務署長に提出することが認められています。

　通常、簡易課税の適用を取りやめる場合には、その取りやめる課税期
間の開始の日の前日までに、「簡易課税制度選択不適用届出書」を提出
しなければなりませんが、火災などのやむを得ない理由が発生した場合

第2編　事例検討（ケース・スタディ）

には、課税期間の開始した日以後においても、その課税期間に係る「災害等による消費税簡易課税制度選択不適用届出に係る特例承認申請書」をそのやむを得ない理由がやんだ日から2月以内に所轄税務署長に提出し、承認を受けることにより、「簡易課税制度選択不適用届出書」をその課税期間の初日の前日に提出したものとみなされ、当期から本則（原則）課税に変更することができます。

消費税法第37条の2第1項　（災害等があつた場合の中小事業者の仕入れに係る消費税額の控除の特例の届出に関する特例）

　災害その他やむを得ない理由が生じたことにより被害を受けた事業者（第9条第1項本文の規定により消費税を納める義務が免除される事業者及び前条第1項の規定の適用を受ける事業者を除く。）が、当該被害を受けたことにより、当該災害その他やむを得ない理由の生じた日の属する課税期間（その基準期間における課税売上高が5,000万円を超える課税期間及び分割等に係る課税期間を除く。以下この項、次項及び第5項において「選択被災課税期間」という。）につき同条第1項の規定の適用を受けることが必要となつた場合において、当該選択被災課税期間につき同項の規定の適用を受けることについてその納税地を所轄する税務署長の承認を受けたときは、当該事業者は同項の規定による届出書を当該承認を受けた選択被災課税期間の初日の前日に当該税務署長に提出したものとみなす。この場合においては、同条第3項の規定は、適用しない。

消費税法基本通達13－1－7　（災害その他やむを得ない理由の範囲）

　法第37条の2第1項又は第6項《災害等があった場合の中小事業者の仕入れに係る消費税額の控除の特例の届出に関する特例》に規定する

—109—

「災害その他やむを得ない理由」とは、おおむね次に掲げるところによる。

(1) 地震、暴風、豪雨、豪雪、津波、落雷、地すべりその他の自然現象の異変による災害

(2) 火災、火薬類の爆発、ガス爆発、その他の人為による異常な災害

(3) (1)又は(2)に掲げる災害に準ずる自己の責めに帰さないやむを得ない事実

第2編　事例検討（ケース・スタディ）

〔事例16〕 単発の土地の譲渡があった場合の「課税売上割合に準ずる割合の適用承認申請書」の提出失念

事例の概要

　A社の当課税期間（X08年4月1日からX09年3月31日）における課税売上高は約5億2,000万円になる見込みである。A社は所有していた固定資産である土地をX08年12月に7,900万円で譲渡したので、非課税売上高は土地の譲渡額を含め約8,000万円になる見込みとなった（この土地の譲渡は当課税期間特有の事情によるものである）。

　A社は税抜経理方式（原則課税・個別対応方式）を採用しており、A社の財務担当者は、税理士事務所の担当者乙に当期の消費税納付額の予測を依頼したところ、当課税期間の課税売上割合は86.67％程度と見込まれるため、当期は個別対応方式で計算した場合、仕入税額控除ができない金額が多額に発生することが明らかとなった。なお、A社の直前課税期間は99.21％、過去3年間の課税期間の通算課税売上割合は99.15％であった。

　税理士事務所の担当者乙は、A社の経理担当者に当期は非課税資産である土地の譲渡があり、上記のようになる旨の説明を行っていたが、この点について何ら届出・申請の手続きを行うことはしていなかった。

　A社のX09年3月期の申告に当たりA社の担当者である乙は、所長税理士である甲から「課税売上割合に準ずる割合の適用承認申請書」の提出の有無を問われ、初めてそのような手続書類があること知った。しかしながら、すでに期間徒過のため、X09年3月期の課税売上割合をそのまま適用し、計算した申告書を提出することとなった（後日、担当者乙

—111—

の不知による過大納付の件は、A社の財務担当者の知るところとなり、A社の担当からはずされることとなった。)。

解　説

One Point Advice!

土地の譲渡が単発のものである場合には、一定の要件を満たせば「課税売上割合に準ずる割合の適用承認申請書」を提出し、その課税期間の末日までに承認を受ければ、例年とほぼ同様の計算（課税売上割合）で申告することが可能となります。この承認申請には、みなし承認の規定がありませんので、この承認を受けようとする場合には、できるだけ早めに承認申請手続きを行う必要があります。

(1)　課税売上割合に準ずる割合

A社の土地譲渡は当課税期間特有の事情によるものということですので、課税売上割合に準ずる割合の適用を検討しなければなりません。たまたま固定資産である土地の譲渡対価の額があったことにより課税売上割合が減少するような場合など、その課税売上割合が、その事業者の事業の実態を反映していないときには、実際の課税売上割合によらず、課税期間内に税務署長の承認を受けた他の合理的な割合によって仕入税額控除額を計算することができます（消法30③）。この課税売上割合以外の合理的な割合を課税売上割合に準ずる割合といいます。

国税庁の質疑応答によれば、土地の譲渡が単発のものであり、かつ、当該土地の譲渡がなかったとした場合には、事業の実態に変動がないと認める場合に限り、課税期間の前3年に含まれる課税期間の通算課税売上割合（消令53③）と土地譲渡があった課税期間の前課税期間の

—112—

課税売上割合のいずれか低い割合を課税売上割合に準ずる割合として承認することとしています。したがって、本事例のケースでは99.15％がその割合として承認されることとなります。なお、この承認はたまたま土地の譲渡があったことに対して１年限りの前提で承認されるものであり、翌課税期間に「課税売上割合に準ずる割合の不適用届出書」の提出が求められ、提出がない場合には、翌課税期間開始時からその承認が取り消されます。

(2) 仕入税額控除95％ルール適用の判断

課税売上高が５億円を超える事業者は課税売上割合が95％以上であっても課税仕入れ等に係る税額の全額を控除することはできず、個別対応方式か一括比例配分方式により仕入税額控除額を計算しなければなりません。本事例のケースでは課税売上高が５億円を超えるので、個別対応方式又は一括比例配分方式のいずれかにより仕入税額控除額を計算することとなります。

なお、課税売上高が５億円を超えるか否かにかかわらず、課税売上割合に準ずる割合は、適用申請をして所轄税務署長の承認を受けた課税期間から適用されます。

(3) 一括比例配分方式と個別対応方式

一括比例配分方式は課税仕入れ等の税額全額に課税売上割合を乗じて控除対象仕入税額を計算するものであり、２年間の継続適用義務があります。個別対応方式は課税仕入れ等の税額を①課税売上げのみに対応するもの、②非課税売上げのみに対応するもの、③課税売上げ、非課税売上げ共通に対応するものにあらかじめ区分し、③に課税売上割合を乗じた額と課税売上げのみに対応する額の合計額を控除対象仕入税額とするものです。

なお、上記(1)で説明した課税売上割合に準ずる割合は、個別対応

方式により共通に対応する課税仕入れ等の税額を計算する際にのみ使用することができ、一括比例配分方式では使用することができませんので、注意して下さい。

(4) 控除対象外消費税額等の処理

税抜経理方式を採用している場合、課税仕入れ等の税額のうち控除対象仕入税額以外は控除対象外消費税額等となります。控除対象外消費税額等のうち資産に係る控除対象外消費税額等については原則として繰延控除対象外消費税額等として資産計上し、5年以上の期間で償却することとされています。ただし、課税売上割合が80％以上である場合など一定の場合には、その全額を損金経理（法人の場合）することを要件に損金の額に算入（個人の場合は必要経費の額に算入）することができます。

第2編　事例検討（ケース・スタディ）

〔事例17〕消費税の各種「選択」届出書の提出期限と国税通則法第10条第2項との関係

事例の概要

　課税事業者であるＡ社（年1回7月末決算法人）は、これまで原則課税方式によっていたが、翌期（X02年8月1日から開始する課税期間）から簡易課税制度の適用を受けることとした。Ａ社の顧問税理士甲は、「簡易課税制度選択届出書」を作成したが、X02年7月31日が日曜日（閉庁日）であったため、この選択届出書を実際に提出したのは、週明けのX02年8月1日（月）であった。

　数日後、税務署の管理運営部門から電話があり、Ａ社の「簡易課税制度選択届出書」に記載した適用開始課税期間は、X02年8月1日からX03年7月31日ではなく、X03年8月1日からX04年7月31日になるとの指摘を受けた。

解　　説

　各種の申告書、申請書、届出書等について提出の期限が定められている場合に、その期限となる日が休日（土曜日、日曜日、祝日等）であるときはこれらの日の翌日が提出期限となります（通則法10②）。

国税通則法第10条第2項（期間の計算及び期限の特例）

　国税に関する法律に定める申告、申請、請求、届出その他書類の提出、通知、納付又は徴収に関する期限（時をもつて定める期限その他の政令で定める期限を除く。）が日曜日、国民の祝日に関する法律（昭和23年法

—115—

律第178号）に規定する休日その他一般の休日又は政令で定める日に当たるときは、これらの日の翌日をもつてその期限とみなす。

　しかし、注意を要するのは、消費税に係る選択届出書の期限です。例えば「消費税簡易課税制度選択届出書」の提出については、消費税法上、下記の通り規定されています。

　消費税法第37条第１項（一部抜粋）「・・・届出書を提出した場合には、当該届出書を提出した日の属する課税期間の翌課税期間（カッコ内省略）については・・・」という文言となっています。

　このように消費税の簡易課税制度等の選択届出書については、届出書の提出期限について定めはなく、届出の効果（届出の提出のあった日の属する課税期間の翌課税期間から適用する。）についてのみ規定しています。したがって、上記事例の場合は、国税通則法第10条第２項の適用はなく、簡易課税制度選択届出書が税務署に実際に提出された日（X02年８月１日）の翌課税期間（X03年８月１日開始課税期間）からの適用となるわけです。

Check Point!

　「消費税簡易課税制度選択届出書」については、国税通則法第10条第２項の特例が適用されません。実際の期限である適用課税期間の前日（７月31日）が土曜日、日曜日、祝日であった場合でも、その期日までに提出しなければいけませんので、注意が必要です（郵送の場合は、土曜日、日曜日、祝日の通信日付・発信日にて有効）。

第2編　事例検討（ケース・スタディ）

課税事業者の選択、原則課税の適用における確認・検討事項

One Point Advice!（1）

　免税事業者が「課税事業者選択届出書」を提出し、課税事業者となる場合の留意点としては、ただ単に還付税額が発生するということだけで課税選択を行うのは危険であるということです。課税事業者としての拘束期間（原則として2年間）中に調整対象固定資産を取得した場合には、調整対象固定資産の仕入れ等の日の属する課税期間の初日から3年を経過する日の属する課税期間の初日以後でなければ「課税事業者選択不適用届出書」及び「簡易課税制度選択届出書」を提出することはできません（消法9⑦、37③）。

　この結果、原則として調整対象固定資産を取得した課税期間から第3年度の課税期間までは課税事業者としての拘束期間が強制的に延長され、かつ、この間は簡易課税制度も適用することはできないことになります。

　調整対象固定資産を取得した場合には、少なくとも3課税期間は本則課税による申告が義務付けられることとなります。よって、この期間中のトータルの納付税額が設備投資による還付税額を上回ることも考えられますので、課税事業者として拘束される期間中の税額計算のシミュレーションを確実に行った上で、課税選択（有利選択）の有無を判断しなければいけません。

　なお、シミュレーションを行う際は、調整対象固定資産の取得から3年目の第3年度の課税期間において調整対象固定資産に関する仕入控除税額の調整計算（課税売上割合が著しく変動した場合の調整（消法33）、課税業務用・非課税業務用の転用の調整（消法34、35））の可能性があることも、念頭に置いておくことが必要です。

—117—

One Point Advice! (2)

　当初より調整対象固定資産の取得が予定されていれば、事前にシミュレーションできるはずですが、予期せぬ取得であっても、その理由のいかんにかかわらずこの特例は適用されます。

　課税事業者としての拘束期間の２年目に調整対象固定資産を取得した場合、そこから３年間、課税事業者として拘束されるとともに、簡易課税制度も選択できないことになります。結果として、課税選択を行った課税期間から起算すると４年間は課税事業者として拘束されるとともに簡易課税制度も適用することができないことになります。

　調整対象固定資産とは前述のとおり税抜の取得価額が100万円以上の固定資産のため、例えば営業用車両１台を税抜100万円以上で購入すれば、ただちにこの制限に該当します。この制限があるのを失念して、うっかりと調整対象固定資産を取得したがために、１年間追加で原則課税による消費税を支払うことにもなりかねません。この特例の危険性については、十分に留意しておくべきと考えられます。

【課税事業者選択後に連年で調整対象固定資産を取得した場合】

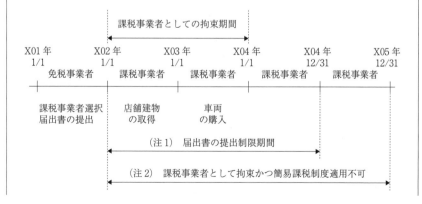

第2編　事例検討（ケース・スタディ）

(注1)　「課税事業者選択不適用届出書」及び「簡易課税制度選択届出書」の提出制限期間の2年目にも連年で調整対象固定資産を取得した場合、その仕入れ等の日の属する課税期間の初日（X03.1.1）から3年を経過する日（X05.12.31）の属する課税期間の初日（X05.1.1）以後でなければ「課税事業者選択不適用届出書」及び「簡易課税制度選択届出書」を提出することはできません。

(注2)　この結果、X02年期首からX05年期末までは、課税事業者として拘束されるとともに簡易課税制度を適用することもできません。

One Point Advice! (3)

　簡易課税制度を適用していた事業者が、「簡易課税制度選択不適用届出書」を提出し、多額の設備投資に伴う仕入控除税額の還付を受けたとします。このような事業者の場合、本来は簡易課税制度を適用した方が有利な事業形態と考えられるため、戻れるのであればすぐにでも簡易課税制度に戻りたいはずです。従来であれば、設備投資を行った課税期間の末日までに「簡易課税制度選択届出書」を提出することにより、その翌課税期間から再び簡易課税制度を適用することが可能でした。

　しかし、新たに創設された「高額特定資産を取得した場合の特例」により、その設備投資の内容が高額特定資産の取得等に該当する場合には、「簡易課税制度選択届出書」の提出が制限され、少なくとも3課税期間は本則課税による申告が義務付けられることになるので注意が必要です。

—119—

One Point Advice! (4)

「調整対象固定資産を取得した場合の特例」は、(ケース1)課税選択をした事業者が課税事業者としての拘束期間中に調整対象固定資産を取得した場合及び(ケース2)資本金1,000万円以上の新設法人又は特定新規設立法人の基準期間がない事業年度(通常設立1期目又は2期目)中に調整対象固定資産を取得した場合に限り適用されます。

ところが、「高額特定資産を取得した場合の特例」については、特に適用されるケースが限定されていません。したがって、本則課税を適用する課税事業者が高額特定資産の仕入れ等を行った場合は、すべてこの特例が適用されることになりますので注意して下さい。

また、簡易課税制度を適用した方が有利な事業者の場合は、本則課税が強制適用となる期間中の税額計算シミュレーションをしっかりと行い、納税シミュレーションの比較を行った上で本則課税を適用するか否かの判断が必要です。

【高額特定資産の仕入れ等の場合】

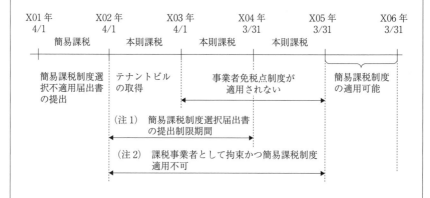

第2編　事例検討（ケース・スタディ）

（注1）　高額特定資産の仕入れ等の日の属する課税期間の翌課税期間からその高額特定資産の仕入れ等の日の属する課税期間の初日（X02.4.1）以後3年を経過する日（X05.3.31）の属する課税期間までの各課税期間については、納税義務は免除されません。また、高額特定資産の仕入れ等の日の属する課税期間の初日から同日以後3年を経過する日の属する課税期間の初日 X04.4.1）以後でなければ「簡易課税制度選択届出書」を提出することができません。

（注2）　結果として、X02.4.1 ～ X03.3.31課税期間から X04.4.1 ～ X05.3.31課税期間までは、課税事業者として拘束されるとともに簡易課税制度を選択することもできません。

One Point Advice!　(5)

調整対象固定資産又は高額特定資産を売却等した場合の適用関係

（消基通1-4-15の2、13-1-4の3参照）

　上記 One Point Advice!（1）～（4）の規定は、事業者がそれぞれに規定する場合に該当するときに適用されるため、その事業者が調整対象固定資産の仕入れ等又は高額特定資産の仕入れ等を行った後にその調整対象固定資産又は高額特定資産を廃棄、売却等により処分したとしても、これらの規定は継続して適用されます。つまり、当該資産を取得したその翌期に仮に売却や除却をしたとしても、当該資産の存否とは関係なく、免税・簡易課税等の制限は、継続して適用されることになりますので、注意して下さい。

PART Ⅱ	**実務で誤りやすい事例検討**（その2） 相続や合併等による事業承継の事例

　ここでは、相続や合併等により事業承継があった場合の誤りやすい事例について、みていくことにします。相続と合併等では、共通する事項がある一方で、異なる事項もありますので、違いを正確に理解しておくことが重要です。

　まずは、相続で個人事業を承継する場合の留意すべき事項を確認していくことにします。

《相続による事業承継の事例検討》〔事例1〕～〔事例8〕

〔事例1〕 免税事業者が相続で課税事業者の事業を承継した場合の納税義務（その1）

～相続があった年の納税義務～

　事例の概要

　個人事業主である乙は喫茶店を営んでいるが、毎年の課税売上高は1,000万円以下（前年は350万円、前々年は400万円）のため、消費税の免税事業者であった。

　ところが、X03年6月20日に父親甲（被相続人）の死亡により、一人息子である乙（相続人）は、甲の自動車部品販売業を引き継ぐこととなった。甲は、消費税の課税事業者（前年1,050万円、前々年1,100万円）であった。

—122—

第2編　事例検討（ケース・スタディ）

　乙は、小規模な事業者であったため関与税理士はいない。毎年の所得税の申告については、自己で記帳を行い、青色申告により確定申告を行っていたが、喫茶店開業当初より消費税については免税事業者のため、何ら手続きを取ってはいなかった。

　翌年（X04年）に入り、所得税の確定申告のために所轄税務署へ相談に訪れた乙に対して、税務署の職員より課税事業者（甲）の事業を承継した相続人（乙）は、相続があった年（X03年）の消費税の申告義務があるとの指導があった。

　　解　　説

　本事例における相続人乙は、相続により事業を承継したため、相続人乙が免税事業者であっても、被相続人甲が課税事業者であったときは、相続のあった日の翌日からその年12月31日までの期間、相続人は課税事業者になります。

　通常は、基準期間における課税売上高及び特定期間における課税売上高が1,000万円以下であり、かつ、「課税事業者選択届出書」を提出していない場合には、原則として、消費税の納税義務はありません。ただし、相続により被相続人の事業を引き継いだ相続人については、次のように納税（申告）義務が生じることになります。

(相続があった年の納税義務の判定)

相続があった日：X03年6月20日　　　　　　　（単位：万円）

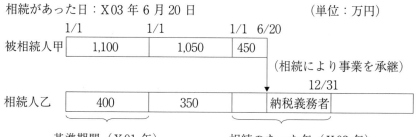

① 原則　　乙の課税売上　　400≦1,000
　　　　　∴納税義務なし
② 特例　　甲の課税売上　　1,100＞1,000
　　　　　∴6/21～12/31の期間について納税義務あり

　上記のように相続があった年については、①原則どおり相続人乙の基準期間における課税売上高（400万円）で判定すると納税義務が生じませんが、②特例による被相続人甲の基準期間における課税売上高（1,100万円）で判定すると納税義務が生じます。

　なお、この場合において、事業の全部でなく一部の事業を継承した場合でも同様となります。

　また、相続のあった日までの被相続人の申告義務（X03年1月1日～6月20日までの課税期間分）は、相続人が引き継ぐことになります(注)。

　(注) 準確定申告は、被相続人が課税事業者であれば、消費税についても必要です。

第2編 事例検討（ケース・スタディ）

One Point Advice!

　被相続人が課税事業者であった場合には、死亡日の翌日から4か月以内に相続人は消費税の準確定申告書の提出が義務付けられており、さらに、この申告書には、「死亡した事業者の消費税及び地方消費税の確定申告明細書」を添付することとされています（消法45②、③）。

　また、「個人事業者の死亡届出書」についても相続人に提出義務があります（消法57①四）ので忘れないように提出して下さい。

消費税法第10条第1項（相続があつた場合の納税義務の免税の特例）

　その年において相続があつた場合において、その年の基準期間における課税売上高が1,000万円以下である相続人（第9条第4項の規定による届出書の提出により、又は前条第1項の規定により消費税を納める義務が免除されない相続人を除く。以下この項及び次項において同じ。）が、当該基準期間における課税売上高が1,000万円を超える被相続人の事業を承継したときは、当該相続人の当該相続のあつた日の翌日からその年12月31日までの間における課税資産の譲渡等及び特定課税仕入れについては、第9条第1項本文の規定は、適用しない。

```
┌─────────────────────────────────────────────────────┐
│ 〔事例2〕免税事業者が相続で課税事業者の事業を引き継 │
│    いだ場合の納税義務（その2）                        │
│    〜相続のあった年の翌年及び翌々年の納税義務〜       │
└─────────────────────────────────────────────────────┘
```

次に、〔事例1〕の相続人乙の相続のあった年の翌年（X04年）及び翌々年（X05年）の納税義務はどのように判定するのかを確認しておきます。

解　説

〔事例1〕のような相続があった場合に、相続人が被相続人の事業を引き継いだときの翌年、翌々年の納税義務の判定は、その相続人の基準期間における課税売上高だけでなく、その被相続人から引き継いだ事業に係る課税売上高も考慮に入れて行うことになります。

したがって、翌年・翌々年の納税義務の判定においては、「相続人の基準期間における課税売上高」と「相続によって引き継いだ被相続人の事業に係る基準期間における課税売上高」との合計額が1,000万円を超える場合には、その年の納税義務は免除されません。

（相続があった年の翌年又は翌々年の納税義務の判定）

相続があった日：X03年6月20日　　　　　　　　　（単位：万円）

```
              1/1            1/1    6/20
被相続人甲 ┌───────────┬──────────┐
           │   1,050   │   450   │
           └───────────┴──────────┘
                            （相続により事業を承継）
                              │
                              ↓
相続人乙 ┌─────────┬─────────┬─────────┬─────────┐
         │   350   │   900   │ 相続の翌年 │ 相続の翌々年 │
         └─────────┴─────────┴─────────┴─────────┘
          └─────────┘└─────────┘└─────────┘└─────────┘
         X04年の基準期間 X05年の基準期間   X04年       X05年
```

—126—

第2編　事例検討（ケース・スタディ）

(1)　相続があった年の翌年の納税義務の判定

（X04年の基準期間の課税売上高）

① 　原則　乙の課税売上　　　　　　　350≦1,000

　　　　　　　　　　　　　　∴納税義務なし

② 　特例　甲・乙の課税売上合計　350＋1,050＝1,400＞1,000

　　　　　　　　　　　　　　　　∴納税義務あり

　相続人乙の相続があった年の翌年（X04年）の基準期間（X02年）については、相続人乙の基準期間における課税売上高（350万円）だけで判定すると納税義務が生じませんが、被相続人甲の基準期間における課税売上高（1,050万円）を合わせた金額（1,400万円）で判定すると納税義務が生じます。

(2)　相続があった年の翌々年の納税義務の判定

（X05年の基準期間の課税売上高）

① 　原則　乙の課税売上　　　　　　　900≦1,000

　　　　　　　　　　　　　　∴納税義務なし

② 　特例　甲・乙の課税売上合計　900＋450＝1,350＞1,000

　　　　　　　　　　　　　　　　∴納税義務あり

　相続人乙の相続があった年の翌々年（X05年）の基準期間（X03年）については、相続人乙の基準期間における課税売上高（900万円）だけで判定すると納税義務が生じませんが、被相続人甲の基準期間における課税売上高（450万円）を合わせた金額（1,350万円）で判定すると納税義務が生じます。

消費税法基本通達 1 - 5 - 4（相続があった場合の納税義務）

　法第10条各項《相続があった場合の納税義務の免除の特例》の規定は、相続により被相続人の事業を承継した相続人について、次に掲げる場合に該当するときには、納税義務を免除しないとする趣旨であることに留意する。

(1)　相続があった年においては、相続人又は被相続人の基準期間における課税売上高のうちいずれかが1,000万円を超える場合

　（注）省略

(2)　相続のあった年の翌年及び翌々年においては、相続人の基準期間における課税売上高と被相続人のそれとの合計額が1,000万円を超える場合

第2編　事例検討（ケース・スタディ）

〔事例3〕相続があった翌年に、相続発生前に販売した商品の返品があった場合

事例の概要

一人息子である乙［＝事例1と同じ］は、相続（X03年6月20日発生）により父親甲の自動車部品販売業を引き継いだが、父親甲が生前に販売した商品について多額の返品を、相続の発生した翌年（X04年）に受けた。

この商品に係る課税売上高の対価の返還について、乙はどのような処理をしたらよいのか、また乙の納税義務にどのような影響があるのか不安になり、所轄税務署に問い合わせをした。

所轄税務署の担当者からは「相続人である乙が返品となった商品を売り上げたものとみなし、当課税期間（＝X04年）で対価の返還等の処理を行って下さい。」との回答があった。

解　説

相続により被相続人から事業を引き継いだ場合で、被相続人が生前に販売した商品について、相続後に返品があった場合の当該返品に係る消費税の処理は、相続人がその商品を譲渡等したものとみなして、当該商品の対価の返還等のあった課税期間の課税売上高から、控除することになります。

したがって、〔事例1〕及び〔事例2〕の納税義務の判定に影響を与えることはありません。

—129—

消費税法第38条第３項（売上げに係る対価の返還等をした場合の消費税額の控除）

　相続により被相続人の事業を承継した相続人が被相続人により行われた課税資産の譲渡等につき売上げに係る対価の返還等をした場合には、その相続人が行つた課税資産の譲渡等につき売上げに係る対価の返還等をしたものとみなして、前２項の規定を適用する。

第2編　事例検討（ケース・スタディ）

〔事例4〕被相続人の事業を分割して相続人が承継した場合

事例の概要

個人事業主甲は、飲食店（ラーメン店）を経営し、二つの店舗を有していた。甲は、長男乙及び次男丙をそれぞれの店舗における店長として日々の業務を任せていた。

今年（X03年）の秋に甲（被相続人）が死亡したことから、乙と丙はそれぞれが店長をしていた店舗を相続して事業を続けることとなった。

乙と丙は、店長として店舗の運営のすべてを甲から任されていたが、甲の青色事業専従者として給料をもらっていただけで、税金に関する知識が乏しいため、甲の関与税理士丁の事務所を訪れ、X03年以降の相続人乙と丙の消費税の納税義務等について質問をした。「甲の事業を兄弟で分割して相続した場合には、消費税における乙と丙の納税義務はどのようになるか。」

税理士丁からは「長男乙及び次男丙のそれぞれが相続した店舗の2年前の課税売上高が、納税義務判定の対象となる基準期間の課税売上高となります。」との回答があった。

解　説

複数の相続人が被相続人の事業を分割して相続した場合、それぞれが相続した事業をもって基準期間の課税売上高についての判断を行うことになります。したがって、被相続人の基準期間の課税売上高の合計額ではなく、それぞれが相続した店舗の実績をもって課税事業者になるか否

—131—

かの判定を行います。

消費税法第10条第３項（相続があつた場合の納税義務の免除の特例）

　相続により、２以上の事業場を有する被相続人の事業を２以上の相続人が当該２以上の事業場を事業場ごとに分割して承継した場合の被相続人の基準期間における課税売上高の計算その他前２項の規定の適用に関し必要な事項は、政令で定める。

消費税法施行令第21条（相続があつた場合の納税義務の免除の特例）

　相続により、２以上の事業場を有する被相続人の事業を２以上の相続人が当該２以上の事業場を事業場ごとに分割して承継した場合における法第10条第１項又は第２項の規定の適用については、これらの規定に規定する被相続人の基準期間における課税売上高は、当該被相続人の当該基準期間における課税売上高のうち当該相続人が相続した事業場に係る部分の金額とする。

第 2 編　事例検討（ケース・スタディ）

〔事例 5〕免税事業者が、課税事業者から資産を遺贈で取得した場合の納税義務

事例の概要

　個人事業主乙は貸家（8 軒）を持っているが、年間の家賃収入1,200万円は全額が居住用のため消費税の免税事業者となっている。

　乙は、今年の夏に（X03年 8 月15日）に、父の弟である叔父甲から、貸ビル一棟（すべて貸テナント）を遺贈により取得した（叔父甲は、消費税の課税事業者だった。）。

　乙は、この貸ビルを遺贈で取得した日以降（X03年 8 月16日〜12月31日）の賃貸料収入について消費税の納税義務があるのか不安になり、叔父甲の関与税理士である丙の事務所を訪問した。乙が、「X03年のこれら賃貸料収入について消費税の申告が、必要になるか。」と尋ねたところ、税理士丙は、「乙は貸ビルを遺贈により取得しているので、今年（X03年）は免税事業者であるため、消費税の申告をする必要はありません。」と答えた。乙は、税理士丙の回答に従って、X03年の貸テナント収入について消費税の申告を行わなかった。

解　説

　相続により被相続人の事業等を承継した場合で、被相続人が消費税の課税事業者だった場合には、それらを取得した日以後における課税資産の譲渡等については、相続人は消費税の納税義務は免除されないため、申告が必要になります（〔事例 1 〕参照）。

　ところが、本事例のように遺贈によりそれらを取得した場合の消費税

—133—

の納税義務については、遺贈者（叔父甲）の基準期間の課税売上高の金額は考慮しません。したがって、税理士丙の説明にあるように X03年の納税義務の有無については受遺者である乙の基準期間における課税売上高の金額のみにより、判断することになります。

消費税法基本通達 1 - 5 - 3（被相続人の事業を承継したとき）

　法第10条第1項《相続があった場合の納税義務の免税の特例》に規定する「被相続人の事業を承継したとき」とは、相続により被相続人の行っていた事業の全部又は一部を継続して行うため財産の全部又は一部を承継した場合をいう。

（注）　特定遺贈又は死因贈与により受遺者又は受贈者が遺贈者又は贈与者の事業を承継したときは、法第10条第1項又は第2項の規定は適用されないから、当該受遺者又は受贈者のその課税期間について法第9条第1項本文《小規模事業者に係る納税義務の免除》の規定の適用があるかどうかは、当該受遺者又は受贈者のその課税期間に係る基準期間における課税売上高のみによって判定するのであるから留意する。

Check Point!

　財産を取得した原因が相続か遺贈かにより、その財産を取得した課税期間以後の納税義務の有無の判定方法が異なる点に、注意して下さい。

第2編　事例検討（ケース・スタディ）

〔事例6〕相続による「課税事業者選択届出書」の効力

事例の概要

　煙草小売業を営む甲（免税事業者）は、老朽化した店舗を取り壊して新築することとした。新店舗の建築費について消費税の還付を受けるべく、関与税理士丙の助言により、前年（X02年）中に「課税事業者選択届出書」を納税地の所轄税務署に提出した。

　しかし、甲は物件の完成前に死亡し（X03年6月30日）、新店舗は相続人である乙が承継した後に完成している。

　乙は会社員（給与所得者）であるが、税理士丙は甲の提出した「課税事業者選択届出書」の効力は、相続人の乙に包括的に承継されているものと考え、改めて「課税事業者選択届出書」の提出はしていなかった。

解　説

　本事例は、「課税事業者選択届出書」の効力についての税理士丙の誤解によるミス事例です。

　免税事業者は、消費税の納税義務がないことから申告書を提出する必要はありません。他方で、多額の設備投資等を行い消費税の支払いをしていても、消費税の還付を受ける権利もありません。そこで、免税事業者が消費税の還付を受けようとする場合には、原則として事前に「課税事業者選択届出書」を提出しておく必要があります。

　ただし、新規開業の個人事業者や新設の法人、本事例のような相続による事業承継の場合（40ページの課税事業者選択届出書(4)②参照）には、

—135—

事前に届出書を提出しておくことができませんので、例外的に届出書の提出日の属する課税期間から課税事業者になることが認められています（消法9④、消令20）。

　本事例の判断ミスは、被相続人が提出した届出書の効力は、相続人には引き継がれないということを理解していなかったことにあります。正しい手続きとしては、相続人乙は改めてX03年12月31日までに「課税事業者選択届出書」を提出することが必要とされたわけです。この手続きミスにより、乙は結局新店舗の建築費の消費税について、還付を受けることができませんでした。

Check Point!

　被相続人が提出した届出書の効力は、相続人に包括的に承継されることはありませんので、生前にどのような届出書が提出されていたのか、改めて相続人が提出する場合は、いつまでに提出することが必要かを、必ず確認して下さい。

第2編　事例検討（ケース・スタディ）

〔事例7〕相続による「簡易課税制度選択届出書」の失念

事例の概要

　不動産賃貸業を営む乙（免税事業者）は、X05年6月、別の事業を営んでいた甲（父・被相続人）の死亡により、甲の事業を承継することとなった。甲は、消費税の課税事業者であり、簡易課税方式を選択していた。

　税理士丙は、甲及び乙の税務顧問として毎年、所得税及び消費税の確定申告業務を受任していた。

　税理士丙は、X05年分の消費税の確定申告について、甲の事業を承継したことによる消費税の納税義務の有無について乙から質問を受け、「X05年分は、消費税の納税義務はありません。消費税の納税義務が発生する可能性があるのは、2年後のX07年分からです。」と回答した。さらに、「現在は免税事業者ですが、消費税の課税事業者となる際には、簡易課税方式が有利か、原則課税方式が有利かの選択をしなければいけません。通常は、簡易課税方式が有利だと思われますが、X07年からが課税事業者のため、まだ少し時間がありますので、X06年の年末までに、資料を検討して判断しましょう。」と説明した。

　X06年3月、税理士丙は月末に迫ったX05年分の消費税確定申告のために消費税の解説書を確認していたところ、相続により事業を承継した場合は、相続人の基準期間の課税売上高だけで消費税の納税義務を判定するのではなく、被相続人の課税売上高も考慮して判定する必要があるため、乙がX05年分の消費税の確定申告において課税事業者となり、申

—137—

告が必要となることに初めて気付いた。

　また、甲から承継した事業と乙が営んでいた不動産賃貸業とを合算して消費税の課税方式の試算を行ったところ、簡易課税方式が有利であることが確認された。

解　説

　本事例は、税理士丙が、相続により甲（被相続人）の事業を承継した乙（相続人）の納税義務の判定（基準期間の課税売上高）を誤ったため、免税事業者であると誤解したミス事例です〔〔事例1〕参照〕。その結果、課税方式として有利な簡易課税を選択するためにはX05年12月末までに「簡易課税制度選択届出書」の提出が必要であったにもかかわらず、それを失念してしまい、不利な原則課税により過大納付消費税を発生させる結果となったわけです。

　もし、このことを乙（相続人）からの質問時に確認していれば、X05年12月末までに「簡易課税制度選択届出書」の提出は可能であり、納税者とのトラブルは、未然に防ぐことができたはずです。

Check Point!

　免税事業者か課税事業者か、簡易課税か原則課税かの判定は、相互に関連する事項のため、納税義務の有無の判定を誤ると、課税方式の正しい選択もできなくなりますので、注意して下さい。

第2編　事例検討（ケース・スタディ）

〔事例8〕相続による「簡易課税制度選択届出書」の適用 開始時期

事例の概要

　日用品雑貨の小売業を営む個人事業者乙（相続人）は、年間の課税売上高は5,000万円以下であるが、取扱商品の利益率が低いことから本則課税により消費税の申告をしていた。当年中に甲（父・被相続人）が死亡したことにより、甲の営んでいた駐車場賃貸業を承継した。

　甲は、生前に消費税の計算方法については簡易課税制度の適用を受けていた。乙は自己の営む小売業と甲の駐車場賃貸業を併せて仕入控除税額の試算をしたところ、簡易課税を選択した方が有利であることが判明した。

　そこで、乙は当年中に「簡易課税制度選択届出書」を提出し、当年から簡易課税の適用を受けようとしたところ、所轄税務署より当年から簡易課税の適用を受けることはできない旨の連絡を受けた。

解　説

　本事例は、相続による事業承継があった場合の「簡易課税制度選択届出書」の適用開始時期についての誤解によるミス事例です。

　簡易課税制度の適用を受けようとする場合には、その適用を受けようとする課税期間の開始の日の前日までに「簡易課税制度選択届出書」を提出しなければなりません（消法37①）。ただし、個人事業者が、相続により簡易課税を選択していた被相続人の事業を承継した場合には、例外的に相続があった年の年末までに届出書を提出すれば、その年から簡

—139—

易課税の適用を受けることが認められています（消令56①）。

　注意しなければならないのは、相続人がその届出書を提出した年から簡易課税が適用できるのは、相続があった場合の納税義務免除の特例規定により、免税事業者が、年の中途から新たに課税事業者になる場合に限られているということです。

Check Point!

　この特例は、被相続人が簡易課税制度の適用を受けていたことを条件に、相続があった年からの簡易課税制度の適用を認めるというものです。

　したがって、もともと課税事業者であった相続人が、簡易課税の適用を受けていた被相続人の事業を相続により承継したとしても、その年から簡易課税制度の適用を受けることはできないので、注意が必要です（なお、当年末までに提出すれば翌年からの簡易課税の適用は可能です）。

消費税法基本通達13-1-3の2（相続があった場合の簡易課税制度選択届出書の効力等）

　相続があった場合における法第37条第1項《中小事業者の仕入れに係る消費税額の控除の特例》の規定の適用は、次のようになるのであるから留意する。

(1) 被相続人が提出した簡易課税制度選択届出書の効力は、相続により当該被相続人の事業を承継した相続人には及ばない。したがって、当該相続人が法第37条第1項の規定の適用を受けようとするときは、新たに簡易課税制度選択届出書を提出しなければならない。

(2) 事業を営んでいない相続人が相続により被相続人の事業を承継した場合又は個人事業者である相続人が相続により法第37条第1項の規定

の適用を受けていた被相続人の事業を承継した場合において、当該相続人が相続があった日の属する課税期間中に簡易課税制度選択届出書を提出したときは、当該課税期間は、令第56条第1項第1号《事業を開始した日の属する課税期間》又は第2号《相続があった日の属する課税期間》に規定する課税期間に該当する。

　ただし、当該課税期間の基準期間における課税売上高が1,000万円を超え、課税事業者に該当する個人事業者が相続により法第37条第1項の規定の適用を受けていた被相続人の事業を承継した場合の当該課税期間は、令第56条第1項第2号に規定する課税期間には該当しない。

消費税法施行令第56条第1項（事業を開始した日の属する課税期間等の範囲）

　法第37条第1項に規定する事業を開始した日の属する課税期間その他の政令で定める課税期間は、次に掲げる課税期間とする。

一　省略

二　個人事業者が相続により法第37条第1項の規定の適用を受けていた被相続人の事業を承継した場合における当該相続のあつた日の属する課税期間（法第10条第1項の規定により消費税を納める義務が免除されないこととなる課税期間に限る。）

三・四　省略

相続事例の確認・検討事項

　相続により被相続人から事業を承継した場合に、事業を承継した相続人の消費税の届出書・申請書の提出の有無及び提出期限について、以下の確認・検討を行って下さい。

① 　相続のあった年において事業を承継した相続人の納税義務（課税事業者 or 免税事業者）を確認。

② 　相続のあった年の翌年又は翌々年において事業を承継した相続人の納税義務（課税事業者 or 免税事業者）を確認。

③ 　課税事業者となる場合には、簡易課税方式 or 原則課税方式のどちらが有利かを検討。

④ 　免税事業者となる場合でも、設備投資等で還付を受けられる可能性があれば「課税事業者選択届出書」の提出を検討。

⑤ 「課税事業者選択届出書」や「簡易課税制度選択届出書」等を提出する必要がある場合の提出期限はいつかを確認。

第2編　事例検討（ケース・スタディ）

◇◇◇

　次に合併等の企業再編で事業を承継する場合の誤りやすい事例について、確認していくことにします。なお、合併には、吸収合併と新設合併の2通りの方法がありますが、ここでは実務上多く用いられる吸収合併の事例をみていくことにします。

◇◇◇

《合併等による事業承継の事例検討》〔事例9〕～〔事例14〕

〔事例9〕免税事業者が吸収合併で課税事業者の事業を承継した場合の納税義務（その1）
～合併事業年度の納税義務～

事例の概要

　経理・総務等の間接部門の整理・統合を目的として、X03年7月1日付でA社（3月末決算）は関連会社のB社（3月末決算）を吸収合併した。合併前、A社は免税事業者（前々期・X01年度の課税売上高600万円、前期・X02年度の課税売上高800万円）であったが、被合併法人のB社は、課税事業者（A社の基準期間に対応する期間の課税売上高は1,500万円及び前期の課税売上高は1,200万円）であった。

　税理士甲は、合併法人A社の税務顧問及び申告書作成を受任していたが、被合併法人B社は別の税理士が税務顧問及び申告書の作成業務を受任していた。

—143—

税理士甲は、Ａ社の財務担当者より合併をする旨の話は聞いていたが、グループ内の関連会社との簡易な合併のため、被合併法人のＢ社の財務内容等について、詳しい内容を確認することはしていなかった。また、税理士甲は、合併事業年度においては、Ａ社の基準期間における課税売上高が1,000万円以下であるため、合併後も消費税の免税事業者になるものと誤解していた。

　合併事業年度の確定申告時期になり所轄税務署よりＡ社に消費税の申告書（一般用）が送付されてきた。驚いた税理士甲は合併法人における消費税の納税義務について、消費税の解説書等を確認したところ、合併事業年度から消費税の申告が必要になることが判明した。

解　説

　本事例での合併法人Ａ社は、被合併法人Ｂ社のその基準期間に対応する期間における課税売上高が1,000万円を超えるときは、合併法人Ａ社の合併の日から合併事業年度の終了の日までは課税事業者になることを見落としていたミス事例です。

　通常の場合は、基準期間における課税売上高及び特定期間における課税売上高が1,000万円以下であり、かつ、消費税課税事業者選択届出書を提出していない場合には、原則として、消費税の納税義務はありません。

　ただし、合併法人については、次に掲げる事業年度において、それぞれに掲げる期間中に行われる課税資産の譲渡等につき消費税の納税義務が生ずることになります。

—144—

（合併事業年度（X03年度）の納税義務の判定）

合併の日：X03年4月1日　　　　　　　　　　　　　　　（単位：万円）

	4/1	4/1	4/1　6/30	
被合併法人 B社	1,500	1,200	400	

（吸収合併）
↓7/1　4/1　4/1

	600	800	合併事業年度	合併の翌事業年度
合併法人 A社	X03年度の基準期間	X04年度の基準期間	X03年度	X04年度

① 原則による判定　　600≦1,000

∴納税義務なし

② 特例による判定　　1,500＞1,000

∴7/1～3/31の期間について納税義務あり

　このように、合併法人A社の合併事業年度（X03年度）については、合併法人A社の基準期間（X01年度）における課税売上高（600万円）で判定すると納税義務が生じませんが、被合併法人の基準期間（X01年度）に対応する期間における課税売上高（1,500万円）で判定すると納税義務が生じます。

Check Point!

　合併があった日を含む事業年度（X03年4月1日～X04年3月31日）に行った課税資産の譲渡等について、「すべて申告する必要がある」という誤った認識をしないようにすることにも注意が必要です。あくまでも、合併があった日からその事業年度終了の日までの課税資産の譲渡等がその対象になるだけです（消法11①）。この事例では、A社のX03年7月1日（合併があった日）からX04年3月31日（その事業年度終了の日）の間に行われた課税資産の譲渡等のみが、その対象となります（X03年4月1日～6月30日までの課税資産の譲渡等は、含まれません。）。

消費税法第11条第１項（合併があつた場合の納税義務の免除の特例）

　合併（合併により法人を設立する場合を除く。以下この項及び次項において同じ。）があつた場合において、被合併法人の合併法人の当該合併があつた日の属する事業年度の基準期間に対応する期間における課税売上高として政令で定めるところにより計算した金額（被合併法人が２以上ある場合には、いずれかの被合併法人に係る当該金額）が1,000万円を超えるときは、当該合併法人（第９条第４項の規定による届出書の提出により、又は第９条の２第１項の規定により消費税を納める義務が免除されないものを除く。）の当該事業年度（その基準期間における課税売上高が1,000万円以下である事業年度に限る。）の当該合併があつた日から当該合併があつた日の属する事業年度終了の日までの間における課税資産の譲渡等及び特定課税仕入れについては、第９条第１項本文の規定は、適用しない。

第2編　事例検討（ケース・スタディ）

〔事例10〕免税事業者が吸収合併で課税事業者の事業を承継した場合の納税義務（その２）

～合併のあった翌事業年度の納税義務～

〔事例９〕の合併法人Ａ社の合併のあった翌事業年度（X04年度）の納税義務はどのように判定するのか。

解　　説

本事例のように、合併があった場合において、合併法人の納税義務の判定は、その合併法人の基準期間における課税売上高だけでなく、被合併法人の課税売上高を考慮に入れて行います。合併事業年度後の事業年度の納税義務の判定においては、「合併法人の基準期間における課税売上高」と「被合併法人のその基準期間に対応する期間における課税売上高」との合計額が1,000万円を超える場合には、その事業年度の納税義務は免除されません。

（合併事業年度後の事業年度（X04年度）の納税義務の判定）

　①原則による判定　800≦1,000　　　　　　　　∴納税義務なし

　②特例による判定　800＋1,200＝2,000＞1,000　∴納税義務あり

合併法人Ａ社の合併事業年度の翌事業年度（X04年度）については、合併法人Ａ社の基準期間（X02年度）における課税売上高（800万円）だけで判定すると納税義務が生じませんが、被合併法人の基準期間（X02年度）に対応する期間における課税売上高（1,200万円）を合わせた金額（2,000万円）で判定すると納税義務が生じます。

—147—

消費税法基本通達 1 - 5 - 6 （合併があった場合の納税義務）

　法第11条各項《合併があった場合の納税義務の免除の特例》の規定は、合併により被合併法人の事業を承継した合併法人について、次に掲げる場合に該当するときは、納税義務を免除しないとする趣旨であることに留意する。

(1) 合併があった日の属する事業年度においては、合併法人の基準期間における課税売上高又は各被合併法人の当該基準期間に対応する期間における課税売上高のうちいずれかが1,000万円を超える場合

　(注)　合併法人の基準期間における課税売上高が1,000万円以下であっても被合併法人の当該基準期間に対応する期間における課税売上高が1,000万円を超える場合には、当該合併法人の当該合併があった日から当該合併があった日の属する事業年度終了の日までの間における課税資産の譲渡等及び特定課税仕入れについて納税義務が免除されない。

(2) 合併があった日の属する事業年度の翌事業年度及び翌々事業年度においては、合併法人の基準期間における課税売上高と各被合併法人の当該基準期間に対応する期間における課税売上高との合計額が1,000万円を超える場合

第2編　事例検討（ケース・スタディ）

〔事例11〕合併による資産及び負債の移転

　免税事業者であった合併法人Ａ社は、課税事業者であった被合併法人
Ｂ社を吸収合併したため、合併事業年度において消費税の確定申告が必
要となった。そこでＡ社の関与税理士甲は、合併に伴って、被合併法人
のＢ社から課税資産（器具備品・車両等）の受入れが行われているため、
合併事業年度の消費税の仕入税額控除の計算はどのようになるのか（原
則課税と簡易課税の有利選択）について調べることになった。

解　　説

　本事例のような合併に伴う資産の移転は、消費税の課税対象にはなり
ません。よって、仕入税額控除の有利選択には影響しません。

　消費税法上、国内において事業者が行った資産の譲渡等については、
消費税が課税されます（消法4①）。しかし、吸収合併に伴う資産の移
転については、被合併法人Ｂ社の保有する資産及び負債が合併法人Ａ社
に包括承継されることから、「資産の譲渡等」（消法2①八）には該当せ
ず、消費税法施行令第2条に列挙されている「資産の譲渡等に類する行
為」にも該当しないことから、消費税の課税対象にはなりません。

　これは、法人税法上、適格合併に該当する場合であっても、非適格合
併に該当する場合であっても、消費税法上は同様に取り扱われます。ま
た、本事例のような吸収合併に伴う資産の移転だけでなく、新設合併に
伴う資産の移転についても同様です。

―149―

Check Point!

　消費税法上、課税対象となる資産の譲渡等に該当するか否かは、以下の３点から判断します。①その取引が事業として、②対価を得て行われる、③資産の譲渡等に当たるか否かを判断基準とします。

　なお、合併による資産の移転は、個々の資産の譲渡ではないため（いわゆる包括承継）、消費税法上の資産の譲渡から除かれています（不課税）。

One Point Advice!

　会社分割による資産の移転も合併と同様に包括承継とされるため、消費税法上の資産の譲渡等から除かれます（不課税）。なお、合併、分割の資産の移転は法人税法上の適格、非適格にかかわらず消費税法の資産の譲渡等には該当しません（消法２①八、消令２①四）ので、この点についても誤解しないように注意して下さい。

第2編　事例検討（ケース・スタディ）

〔事例12〕 事業譲渡による資産及び負債の移転

事例の概要

　代表者が同一の者であるA社とB社は、A社の借入金を一部繰上返済（負債を圧縮）するため、A社を移転法人とし、B社を譲受法人とする事業譲渡計画を、両社の関与税理士である甲の提案にしたがって実行した。

　移転する資産の時価は5億円、移転する負債の時価は4億円であり、事業譲渡の対価として、差額の1億円がB社からA社に対して支払われた。なお、事業譲渡の対象となった資産には、建物や機械装置等（内営業権の評価額5,000万円を含む。）の課税資産（3.5億円）と土地等の非課税資産（1.5億円）が併存していた。

　関与税理士甲は、A社の資産・負債をそのままB社に移転させて承継するので、消費税の課税取引には該当せず、両社の消費税申告においてこれらを考慮することなく申告書を作成し提出した。

　しかし、その後の税務調査において、調査官より申告内容の誤りを指摘された。

解　説

　本事例は、移転法人であるA社の消費税の課税売上高（課税標準）は、課税資産の時価に相当する3.5億円になり、消費税申告においてこれらの取引を考慮する必要あることに気付かなかった税理士甲の誤解によるミス事例です。

—151—

日常的に行われる商取引においては、個々の課税資産の譲渡に対して消費税が課されますが、事業譲渡を行った場合には、資産及び負債を一括譲渡するため、課税資産と非課税資産とに合理的に区分し、課税資産に対応する部分についてのみ、消費税が課されます（消令45③、消基通10-1-5）。

　なお、負債の譲渡については、資産の譲渡等には該当しません。

　また、資産の時価のうち、営業権（法人税法上の資産調整勘定を含む。）に相当する部分の金額（5,000万円）については、課税資産として取り扱われるという点にも注意が必要です（消基通5-1-3）。

　本事例のような事業譲渡を行った場合の消費税の届出書・申請書の提出に関する留意点ですが、事業譲渡を行った場合には、譲渡した資産の中に課税資産だけでなく、土地や貸付金といった非課税資産が含まれていることがあります（消法6①、別表第1）。

　非課税資産が多額に含まれる場合には、資産を譲渡した移転法人側において非課税売上が増加するため、課税売上割合の著しい低下要因となります。この結果、事業譲渡を行った課税期間の仕入税額控除額が減少することがあります。

　こうした事態への対処方法としては、個別対応方式を適用している事業者が「課税売上割合に準ずる割合の適用承認申請書」を事業譲渡を行った課税期間中に提出し、その課税期間末までに承認を受ければ、仕入税額控除の減少を最小限にすることも可能ですので、実務上は、「課税売上割合に準ずる割合の適用承認申請書」を提出するか否かの有利選択を検討する必要があります（消法30③）。

　他方で、資産・負債を譲り受けたB社においては、課税資産の譲受けは課税仕入れに該当するため、譲り受けた資産に100万円以上の調整対象固定資産が含まれる場合は、3年間は納税義務が免除されないことや、

第2編　事例検討（ケース・スタディ）

第3年度までに課税売上割合が著しく変動した場合等には、調整対象固定資産に係る調整の問題が生じる可能性がありますので、注意が必要です。

Check Point!

　事業譲渡に伴う資産の移転は、消費税の課税対象となります。また、事業譲渡による営業権も課税資産となりますので、注意して下さい。

One Point Advice!

　〔事例11〕の合併や会社分割は、消費税法上の資産の譲渡等に該当しないため不課税取引となりますが、他方、〔事例12〕の事業譲渡や現物出資については、対価を得て行われる資産の譲渡等（現物出資の場合は、対価を得て行われる資産の譲渡等に類する行為）に該当し、消費税法上の課税対象となります。なお、その課税標準は、資産の時価となりますので、注意して下さい。

〔事例13〕 合併事業年度の簡易課税制度の判定

事例の概要

　合併法人であるＡ社（３月決算）の合併事業年度の基準期間における課税売上高は900万円、被合併法人Ｂ社（３月決算）の当該基準期間に対応する期間における課税売上高は１億円であった。Ａ社の関与税理士甲は、納税義務の判定は被合併法人であるＢ社の１億円で行い、課税事業者と判断した。また、税理士甲はＡ社が過去に「簡易課税制度選択届出書」を提出していることは承知していたが、簡易課税制度の判定も、「合併があった場合の納税義務の有無の判定」と同様に適用されるものと思い込み、被合併法人の基準期間の課税売上高であるＢ社の１億円で判定を行ったため、原則課税が適用されるものと確信していた。

　なお、合併事業年度においては、合併後に新たな設備投資が行われており、消費税は原則課税の計算を行った場合、還付となっていた。

　合併事業年度の確定申告に当たり税理士甲は、原則課税で計算した申告書を提出した。

　ところが、申告書を提出したのち、数日して所轄税務署よりＡ社は過去に「簡易課税制度選択届出書」を提出しているため、簡易課税制度により申告する必要があることを指摘された。

　合併法人における消費税の課税方式について税理士甲は消費税の解説書等をみて、あらためて判定に関する確認をした結果、合併後の課税方式は合併法人の基準期間の課税売上高のみにより判定するのであって、被合併法人の課税売上高を考慮して判定する必要はないことが判明した。

—154—

第2編　事例検討（ケース・スタディ）

解　説

　本事例は、合併法人の簡易課税制度適用の可否は、合併法人の基準期間の課税売上高900万円のみで判定すべきところ、納税義務の判定と同様と思い込み、誤って被合併法人の基準期間の課税売上高1億円で判定したことによるミス事例です。

　税理士甲は合併以前よりA社に関与しており、A社、B社の基準期間の課税売上高を確認していました。A社が過去に「簡易課税制度選択届出書」を提出していることも承知していました。

　また、合併に際して納税義務の判定はB社の1億円で行い、課税事業者と正しい判断を行っています（〔事例9〕参照）。しかしながら、簡易課税制度の判定も納税義務の判定と同様にB社の1億円で行い原則課税と判断したため、結果として還付不能が生じた事例です。

　A社にとっては、合併事業年度は、原則課税の方が有利であり、本来であれば、「簡易課税制度選択不適用届出書」を提出しておく必要があったわけです。

消費税法基本通達13-1-2（合併法人等が簡易課税制度を選択する場合の基準期間の課税売上高の判定）

　吸収合併又は吸収分割があった場合において、当該吸収合併に係る合併法人又は当該吸収分割に係る分割承継法人の法第37条第1項《中小事業者の仕入れに係る消費税額の控除の特例》に規定する基準期間における課税売上高が5,000万円を超えるかどうかは、当該合併法人又は当該吸収分割承継法人の基準期間における課税売上高のみによって判定するのであるから留意する。

—155—

【合併があった場合の納税義務の判定と簡易課税の判定の対比表】

判定すべき課税期間	納税義務の判定	簡易課税の判定
合併事業年度	合併法人又は被合併法人のいずれかの基準期間の課税売上高	合併法人の基準期間の課税売上高
合併事業年度の翌事業年度及び翌々事業年度	合併法人及び被合併法人の基準期間の課税売上高の合計額	合併法人の基準期間の課税売上高

Check Point!

　合併における消費税の納税義務の判定と簡易課税制度適用の可否判定は、勘違いしやすい事項のため、細心の注意が必要です。

第2編　事例検討（ケース・スタディ）

〔事例14〕事業譲受けによる「簡易課税制度選択不適用届
　　　　　出書」の失念

事例の概要

　税理士甲は、A社設立以来グループ全体の税務顧問を担当している。

　A社は、経営の合理化と事業の効率性を高める目的で、X03年4月30
日、現在営んでいるB事業部門を分離し、休眠会社C社（3月決算）に
移管した。

　X03年2月、A社の代表者から組織再編の相談を受けた際、税理士甲
はC社における消費税の還付スキームをアドバイスし、それに関する手
続き全般の委任を受けた。なお、税理士甲はC社についても休業状態に
なるまで、税務申告書の作成を行っていた。

　税理士甲は、直ちにC社の「課税事業者選択届出書」を作成した上、
押印等を受けた後に、届出書の提出期限（X03年3月31日）までに所轄
税務署に提出した。

　その後、X04年3月期のC社の消費税の確定申告に際して、所轄税務
署から消費税の申告書の送付を受けたところ、簡易課税用の申告書と
なっていたことから、税理士甲は驚いた。

　税理士甲の提案で、事業譲受けに係る消費税の還付を受ける目的で、
休眠会社のC社について、あえて課税事業者を選択したところ、過去に
「簡易課税制度選択届出書」を提出していた効力が復活したため、A社
からのB事業部門譲受けに係る消費税の還付が不可能となっただけでな
く、逆に簡易課税方式による納税までが発生してしまうことになった。

—157—

解　説

　本事例の場合、C社の休眠前に提出していた「簡易課税制度選択届出書」が免税事業者となった後も放置され続けたため、「課税事業者選択届出書」の提出によって、意図しない復活を遂げてしまったミス事例です。

　休眠会社は売上がゼロのため、免税事業者となっていることが大半です。しかし、長期間の間免税事業者であるからといって、過去に提出した「簡易課税制度選択届出書」の効力が自動的には消滅しないことは、すでに多くの事例で確認してきたところです。

Check Point!

　税理士甲は、グループ全体の関与税理士であり、また、C社の申告書作成も過去に受任していたわけですから、過去の届出状況等の確認は、容易に行えたはずです。過去の届出書等の確認は、税理士の当然の責務と考えられます。休眠会社を復活させる場合は特に注意が必要です。

第 2 編　事例検討 (ケース・スタディ)

合併事例の確認・検討事項

　合併により被合併法人から事業を承継した場合に、事業を承継した合併法人の消費税の届出書・申請書の提出の有無及び提出期限について、以下の確認・検討を行って下さい。

①　合併のあった事業年度において事業を承継した合併法人の納税義務 (課税事業者 or 免税事業者) を確認。

②　合併のあった事業年度の翌事業年度、翌々事業年度において事業を承継した合併法人の納税義務 (課税事業者 or 免税事業者) を確認。

③　課税事業者となる場合には、簡易課税方式 or 原則課税方式のどちらが有利かを検討 (上記①②の納税義務の判定と課税方式の判定とを切り離して、両者を別個に確認)。

④　免税事業者となる場合でも、設備投資等で還付を受けられる可能性があれば「課税事業者選択届出書」の提出を検討。

⑤　「課税事業者選択届出書」や「簡易課税制度選択届出書」等を提出する必要がある場合の提出期限はいつかを確認。

One Point Advice!

組織再編では消費税法も十分な確認・検討が必要

　合併等の組織再編に関する事案が実務上生じた場合、法人税に関する取扱いについては、多角的に検討した上で、条文規定等を確認しながら手続きを進めることが一般的です。ところが、消費税に関する取扱いは、本書で取り上げたミス事例のように、思い込みや勘違いで検討が十分でないケースが散見されるようです。消費税についても、法人税と同様に条文規定等の十分な確認・検討を行う必要があります。

—159—

PART Ⅲ	**判例・裁決からみる事例検討**
	～消費税の届出書・申請書を巡る紛争事例～

　ここでは、過去において国税不服審判所・裁判所で争われた届出書・申請書を巡る裁決と判例を見ていくことにします。

〔事例１〕「課税事業者選択届出書」の提出時期を巡る裁判例

事例の概要

(1)　A社はゴルフ場の経営を目的として平成５年９月に設立された会社で、平成11年４月に本件ゴルフ場の営業を開始した。また、平成11年２月に次の内容の「課税事業者選択届出書」を提出している。

①　適用開始課税期間　平成11年７月期

②　基準期間　平成９年７月期　この間の課税売上高０円

　なお、A社の事業年度及び課税期間は、８月１日～７月31日である。

(2)　A社は、会社設立以降、ゴルフ場の営業開始までの期間、営業収入がなかったが、造成工事費、広告宣伝費、車両の購入及び賃借料等諸経費の支出があり、これは課税仕入れとして仕入税額控除をすることができるので、(1)のとおり、課税事業者を選択して、平成11年７月期は消費税の還付申告をした。

—160—

第2編　事例検討（ケース・スタディ）

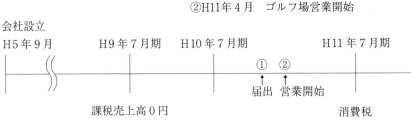

争　点

　A社は、平成11年7月期になってから「課税事業者選択届出書」を提出（平成11年2月）したが、この課税期間から、直ちに課税事業者となるかどうか。その前提としてA社の場合、消費税法9条4項のかっこ書の特例規定の適用が認められるか。

税務当局の主張

(1)　免税事業者が「課税事業者選択届出書」を提出した場合は、提出日の属する課税期間の翌課税期間以後、課税事業者となる（消法9④）。ただし、事業開始等の場合は、特例として届出書を提出した課税期間以後課税事業者となる（消法9④かっこ書、消令20一）。

　本件課税期間の開始前に、「課税事業者選択届出書」を提出していないのは単に原告の見込み違いにすぎず、法を拡大解釈してまで救済すべき事情は何ら認められない。

(2)　事業を開始した日の属する課税期間等の範囲に関する特例規定は、課税期間開始日前日まで2年以上課税資産の譲渡等又は課税仕入れ等がなかった事業者が事業を再開する場合に適用されるものである（消基通1-4-8）。

—161—

A社には、設立から本件課税期間の開始前までにゴルフ場開場に向けて設備費等の課税仕入れがあるから、平成11年7月期は「課税資産の譲渡等に係る事業を開始した日の属する課税期間」に該当しない。

(3) 「課税事業者選択届出書」が平成11年2月に提出されているが、この提出した日の属する課税期間の基準期間である平成9年7月期の課税売上高は0円であるから平成11年7月期は免税事業者である(消法9①)。したがって、平成11年7月期の課税期間については、還付を受けるための確定申告書を提出することはできない(消法46)。

(4) 「課税事業者選択届出書」の提出については、A社自身の判断と責任において行われ、注意義務もA社自身にある。当初申告に誤りがあった場合に、課税庁が法定申告期限内にその誤りに対し適切な指導をしなかったからといって、本来納付すべき正当な納税額を免れる理由にはならない。

納税者の主張

(1) A社は、本件ゴルフ場が開場する課税期間から消費税の課税事業者となり、クラブハウスの建設費等に係る消費税の還付を受けることを考えていたが、消費税の課税事業者となるための届出をしなかった。ところが、A社が融資を受けている銀行から、経済事情に鑑みて、本件ゴルフ場を早期に開場するようにとの強い要望があった。そして、ゴルフ場が予定外に早期に開場するという事情から、本件課税期間に、消費税の課税事業者となり、既に支払っている消費税の還付を受ける必要が生じた。そのため、A社は、平成11年2月に本件届出書を提出するに至った。

上記のとおり、A社にとっては予想外の事態が生じてしまい、課税事業者として還付を受ける必要性が発生したのであるから、「課税期

第2編　事例検討（ケース・スタディ）

間の事前に課税事業者選択届出をすることが困難な場合」としての要
件に該当するので、本件課税期間に課税事業者となることを認めるべ
きである。したがって、これを認めない本件更正処分は違法である。

(2)　平成11年7月期課税期間になって課税事業者である旨の届出をし
たが、課税庁は、この届出書が不適法であるという連絡なしに、届出
書控を返送しているので、これを信頼し、これに基づいて消費税の確
定申告書を提出したものである。課税庁は自らした同課税期間は課税
事業者であることの表明に反する処分はできない（信義則ないし禁反
言の法理）。したがって、A社は平成11年7月期課税期間以降課税事
業者であり、免税事業者であることを前提とする本件更正処分は違法
である。

(3)　2億円超の還付を内容とする確定申告書の提出に対しても何らの
質疑、調査もせず、還付金の支払いを行ったことは、これも平成11年
7月期課税期間から課税事業者であることを認める課税庁の判断が介
在した上で行われたことは明白である。

裁判所の判断

(1)　A社は、本件事業年度よりも前の平成9年7月期及び平成10年7
月期において、広告宣伝費を計上して決済しており、これは事業の準
備行為であると認められるのであるから、A社が事業を開始した日の
属する課税期間は本件課税期間よりも前の課税期間であり、かつ、本
件課税期間開始日の前日である平成10年7月31日まで2年以上にわ
たって国内において課税資産の譲渡等又は課税仕入れ等がなかったも
のではないと認められる。したがって、本件届出書の提出は、本件例
外規定には該当しない。

(2)　本件例外規定が、事業者が事業を開始した日の属する課税期間中

—163—

に「課税事業者選択届出書」を提出した場合には、当該課税期間から事業者が課税事業者となることを選択する効果が発生するものと規定している趣旨は、設立第1期目のように事業を開始したばかりの課税期間の場合にあっては、その課税期間の開始前に「課税事業者選択届出書」を提出することが困難であるためであると解すべきである。

　上記の本件例外規定の趣旨に鑑みると、「課税事業者選択届出書」提出日が事業開始日の属する課税期間ではない場合であっても、事業者が課税事業者選択の効果発生を求める課税期間の開始前に「課税事業者選択届出書」を提出することが困難である場合には、本件例外規定の適用を認める余地もないではない。

　しかしながら、租税法の規定はみだりに拡張適用すべきものではなく（最高裁判所昭和48年11月16日第二小法廷判決・民集27巻10号1333頁参照）、租税法規については租税法律主義の見地から、その解釈にあたっては法的安定性を重視すべきであるから、恣意的に納税者の有利になるように解釈することは許されないと解される。

(3)　しかるところ、A社の主張は、要するに、A社が融資を受けている銀行からの要望により、本件ゴルフ場の開場時期を当初予定よりも早めたというものであって、事業者が自己責任に基づく判断をするにあたって考慮すべき事情の一つに過ぎず、本件につき本件例外規定の拡張適用を認めることは、その事業の将来の見通しについて判断を誤った納税義務者に恣意的に有利に解釈するに等しく、課税期間の事前に課税事業者選択届出をすることが困難な場合として本件例外規定を拡張適用する余地はない。

　よって、A社の主張は理由がなく、本件更正処分は適法である。

第2編　事例検討（ケース・スタディ）

解　　説

本事例は、長野地裁平成16年3月26日の判決[4]を参考とした事例です。

(1)　免税事業者の課税事業者の選択

①　免税事業者は、売上げに係る消費税の納税義務が免除されている
とともに、仕入れに際して負担した消費税も控除できません。そこ
で、免税事業者であっても、多額の設備投資（課税仕入れ）をする
場合等は、課税事業者の選択をして、消費税の還付を受けることが
できます。

この場合、免税事業者は、「消費税課税事業者選択届出書」を、設
備投資をする課税期間開始の日の前日までに提出する必要（消法9
④）があり、この届出書を提出すると、提出した日の属する課税期
間の翌課税期間から課税事業者となります。

②　なお、新規開業等の場合は、「消費税課税事業者選択届出書」を
提出した課税期間から課税事業者になる特例規定があります（消法
9④、消令20)。

本件は、当該提出をした課税期間が、「事業を開始した日の属す
る課税期間の場合」の特例適用要件に該当するか否かが争われた事
案です。

(2)　事業再開の場合

事業再開の場合は、「課税仕入れ等」がなかったことを要件として
「事業を開始した日の属する課税期間等の範囲」に該当するものとし
て取り扱うことを認めています（消基通1-4-8）が、これは、設立

---

[4] 税務訴訟資料254号順号9612、TAINS コード Z254-9612。なお、本件は東京高裁へ控訴されて
いるが、高裁でも原審の判断が維持されている（棄却・確定）東京高判・平成16年8月31日。
税務訴訟資料254号順号9731、TAINS コード Z254-9731。

第1期目と同様な状況であることが前提で、本事例のように課税期間開始前2年以上の間、営業収入は発生していなくとも、そのための準備として課税仕入れを既に行っているような場合は上記の要件に該当しないことになりますので注意が必要です。

(3)　課税事業者選択届出書の提出を失念していた場合

上記のとおり、「課税事業者選択届出書」は、原則として前課税期間の末日までに提出していないと、当該課税期間の設備投資等に係る消費税の還付は受けられません。

なお、「課税事業者選択届出書」の提出を失念していた場合でも、①「決算期の変更」や、②「課税期間短縮の特例適用」を受けることにより当該課税期間での消費税還付の可能性を検討できる場合もありますので、還付金額の多寡等を考慮の上、対処方法を検討して下さい。本件でも、もし上記の①②の対処が可能であれば、課税庁とのトラブルは未然に防ぐことができたはずです。

One Point Advice!

消費税における「課税事業者選択届出書」の期限内提出を失念した場合の対応策[5]

（ケース1）事業年度の変更が可能か否かを検討

「課税事業者選択届出書」は、当該届出書の提出をした日の属する課税期間の翌課税期間より効力を発することになります（消法9④）。

免税事業者がテナント・ビルを建設し、建物に係る消費税の還付を受けようと考えていた場合、失念に気付いたのが建物完成後であれば、還付を受けることは不可能ですが、建物完成前であれば、事業年度を変更

---

5 消費税のみに関する有利選択の判断であり、他税目等への影響は考慮していないので、実務上は法人税への影響等も考慮した上で、最終判断が必要となります。

第2編　事例検討（ケース・スタディ）

することにより対処することができます。

　例えば、当初の課税期間が4月1日より翌年3月末日までであった場合、建物の完成予定が7月15日、「届出書」の提出失念に気付いた日が5月15日であったとすると、3月末決算の課税期間（事業年度）を6月末日決算に変更することにより、4月1日より6月末日までの課税期間は免税となるものの、「課税事業者選択届出書」を6月末日までに提出すれば7月1日より翌年6月末日までの課税期間より課税事業者となることができます。この方法によれば、建物に係る消費税等の還付は当然に受けられることとなります。また、下記の課税期間短縮特例を行うことでも同様に還付を受けることが可能となります。

　なお、「届出書」の提出失念に気付いた時点が建物の完成後である場合は、この方法による消費税還付は不可能です。

（ケース2）課税期間短縮の検討

　消費税の課税期間は、通常事業年度と同一ですが、納税者の選択によって3か月ごと、あるいは1か月ごとに区分することが可能です。課税期間を短縮したい場合は、「課税期間特例選択・変更届出書」を提出すると、その提出した日の属する期間の翌期間から、課税期間を短縮することができます（消法19）。

　免税事業者であった納税者が、商品の海外への輸出を専業として行う事業を開始しましたが、前課税期間の末日までに「課税事業者選択届出書」の提出を失念していたことに輸出の開始後に気付いた場合には、課税期間を短縮することで、消費税の還付を早い時期から受けることが可能となることもあります。

　例えば、4月1日から翌年3月末日までが課税期間である納税者が、5月20日から輸出を開始し、6月15日に上記届出書を提出していないこ

—167—

とに気付いた場合、課税期間を短縮することによって、最短で7月1日より消費税等の還付を受けることが可能となります。この場合、5月20日から6月末日までの輸出売上に係る消費税等の還付を受けることはできませんが、もし課税期間を短縮していなければ課税事業者となるのは翌期以降となるため、税法上の損失（得べかりし消費税の還付税額）は相当程度減らすことができるものと考えられます。

関連する判例・裁決

（裁決の要旨）

平成24年6月21日裁決（棄却）[6]

　請求人は、「課税資産の譲渡等に係る事業を開始した日」は、請求人が医院を開業するに意思決定後の全ての準備行為を行った日が含まれるのではなく、課税資産の譲渡等を行うために必要な資材や商品に係る仕入れなど、それ自体が課税仕入れに当たる一定の準備行為を行った日のみが該当するとし、本件医院の建物に係る建築設計・監理業務の委託契約に係る課税仕入れが発生した日は設計の完了日又は監理業務の完了日であることから、これらの日の属する課税期間が「課税資産の譲渡等に係る事業を開始した日」の属する課税期間である旨を主張しました。

　しかしながら、審判所は事業者が新たに事業を行うに当たっては、当該事業を遂行するために必要な準備行為を行うのが通常であるところ、事業を遂行するために必要な準備行為を行った日の属する課税期間も「課税資産の譲渡等に係る事業を開始した日」の属する課税期間に該当すると解するのが相当である。そして、事業を遂行するために必要な準

---

[6] 裁決事例集87集　TAINSコード J87-6-21

第2編 事例検討（ケース・スタディ）

備行為であるか否かは、必ずしも個々の行為だけではなく、一連の行為を全体として判断すべき場合もあるところ、請求人は、本件課税期間開始前から、事業に使用するための材料及び器具の購入を繰り返し行うとともに、本件医院を建築するための本件契約を締結しており、このことは請求人の事業開始に向けた一連の行為の一部であって、これら一連の行為が全体として事業に係る準備行為であると認められるから、「課税資産の譲渡等に係る事業を開始した日」の属する課税期間は、事業に使用するための材料及び器具の購入の開始日の属する課税期間（本件課税期間の前課税期間）とするのが相当である、と判断し、請求は棄却されました。

〔事例2〕「簡易課税制度選択届出書」を巡る裁決事例

事例の概要

建設業を営んでいるＡ社は、その後、婦人服リサイクル業を営むこととなった。Ａ社は次のとおり消費税の届出、申告等をしている。

(1) Ａ社はその提出期限までに「消費税課税事業者選択届出書」及び「消費税簡易課税制度選択届出書」を提出している。

(2) Ａ社は(1)の届出書のとおり簡易課税制度を適用して申告納税を行った。ところが、その後、Ａ社は本則課税が有利なため、過去（平成元年9月27日）に提出した「簡易課税制度選択届出書」の提出は錯誤によるものであるとして平成5年5月31日に本則課税を適用し、更正の請求をした。

(3) これに対し原処分庁は、平成5年7月8日付で更正をしないことの通知をした。

争　点

Ａ社の「簡易課税制度選択届出書」の提出は錯誤である旨の主張が認められるか。

税務当局の主張

(1) 「簡易課税制度選択届出書」は、納税者の選択により自由に提出することが可能であり、かつ、「課税事業者選択届出書」との同時提出は何ら違法ではない。したがって、両届出書の同時提出をもって、

—170—

「簡易課税制度選択届出書」の提出が、錯誤に基づくものであるとの証明にはならない。

(2)　仮にＡ社が、簡易課税の適用を受けるつもりがないのに、「簡易課税制度選択届出書」を提出していたとしても、そのことを原処分庁が知り得る余地はない。

納税者の主張

(1)　両届出書の同時提出は、経済的合理性を前提とした事業法人には、いかなる合理性も認められない。したがって、「簡易課税制度選択届出書」の提出は錯誤に基づくものであり無効である。

(2)　税務当局は、両届出の同時提出について、Ａ社に何らかの錯誤があったと、当然知り得る立場にあった。

(3)　簡易課税制度は、中小企業の納税事務の負担軽減を目的に制定されたものであるが、納税事務の負担が軽減されても、消費税の納税額が増加するようでは、負担軽減になっていない。

審判所の判断

　Ａ社に錯誤があったとしても、Ａ社が提出した「簡易課税制度選択届出書」は、法令の規定に従い記載し提出されており、その記載には明らかな誤りは認められず、同届出書上錯誤が表れているとはいえないから、客観的に明白かつ重大な錯誤が存在したと認定することはできないとされ、請求は棄却された。

解　説

　本事例は平成６年９月26日裁決[7]を参考とした事例です。

　消費税法第37条第１項の規定によれば、簡易課税制度の適用を受けよ

うとする事業者は、その旨を記載した届出書を、納税地を所轄する税務署長に提出すれば足り、承認等の手続きは必要とされていません。また、同法第37条第6項（裁決当時は第3項）の規定によれば、事業を廃止した場合を除き、簡易課税制度の適用を開始した課税期間から2年を経過しなければ、簡易課税制度をやめることはできないとされています。これらの規定から判断すると、簡易課税制度の選択は、事業者の自由意思にまかされており、また、その意思表示は「簡易課税制度選択届出書」の提出をもって、選択がなされたものと解されることとなります。

　本事例と同様に、「簡易課税制度選択届出書」を提出しているのに、本則課税によって申告をしたことについて、争われた裁決は他にもありますが、いずれも納税者の請求は、棄却されています。

関連する判例・裁決

（裁決の要旨）

(1) 平成13年11月14日裁決棄却[8]

　新設法人で、かつ簡易課税制度を選択している請求人（電機制御装置等の製造業を営む法人）は、消費税の経理処理につき税抜経理方式をとっていることを理由に、本則課税により申告をしました。しかし、その後更正処分を受けたため、これを不服として審査請求を行いました。これに対し審判所は、簡易課税制度の適用を受けようとする場合や受けることをやめようとする場合については、これらの手続きが法定されていることからすると、簡易課税制度の適用を受けることを選択したり、やめることを選択したりするには、適法な手続きによらなければならず、

7　裁決事例集　48集　405頁、TAINS コード J48-5-23
8　裁決事例集　62集　444頁、TAINS コード J62-5-33

第2編　事例検討（ケース・スタディ）

簡易課税制度を選択している以上、税抜経理方式をとっていても本則課税により申告する余地はない、として請求は棄却されました。

(2) 平成13年12月17日裁決（棄却）[9]

請求人（コンビニエンスストアを営む個人）は、簡易課税制度選択届出書の提出に当たって、原処分庁から簡易課税に関する説明が一切なかったことから、簡易課税とは単に消費税を算出する計算過程が簡単になるという認識しかなく、その提出は錯誤によるものであり無効であるから、本件課税期間について本則課税を認めるべきであると主張しました。

しかしながら、審判所は「簡易課税制度選択届出書」が錯誤により無効となるのは、請求人の錯誤が、客観的に明白かつ重大なものである場合に限られると解すべきところ、本件「簡易課税制度選択届出書」は、本件課税期間から適法にその効力を有しているものと認められ、また、請求人はグループの営業担当者から消費税等の届出書の提出について指導を受けていることから、簡易課税制度の内容については十分知り得たものと認められる。

したがって、本件「簡易課税制度選択届出書」の提出は、請求人自身の判断に基づいてなされたものであり、提出に当たって請求人に本件「簡易課税制度選択届出書」の提出が無効となるような客観的に明白かつ重大な錯誤があったとは認められないから、請求人の主張には理由がない、として請求は棄却されました。

Check Point!

これらの裁決例からも、「簡易課税制度選択届出書」を提出した以上、その記載内容に客観的に明白かつ重大な錯誤（一見して明らかにわかる

---

9 裁決事例集　62集　451頁　TAINSコード J62-5-34

—173—

ような重大な誤り）が存在しない限り、本則課税を適用し仕入税額控除をすることは許されないということになります。

　よって、簡易課税の選択あるいは不選択の手続きを行う際には細心の注意が必要です。

第2編　事例検討（ケース・スタディ）

〔事例3〕「課税事業者選択届出書」の未提出と期末棚卸資産に係る仕入税額控除を巡る裁判例

事例の概要

　A社は、第3期事業年度において課税事業者となったが、第4期は免税事業者であった。A社は第4期について「課税事業者選択届出書」を提出していなかったため、第3期の消費税等の計算において、高額となる大量の期末在庫の棚卸資産（DVD・約3億4,800万円）について仕入税額控除を受けられなかった。

　A社は、期末棚卸資産について、仕入税額控除を受けられなかったのは、顧問契約を締結していた税理士乙が、同届出の提出に関する指導・助言等の義務を怠ったためであると主張して、税理士乙に対し、債務不履行に基づき、仕入税額控除を受けられていれば得られた還付金相当額約1,595万円について、損害賠償金等の支払いを求め訴訟を提起した事案である。

争　　点

(1)　A社が期末に在庫として有していた棚卸資産の仕入税額控除を受けられなかったことにつき、税理士乙の債務不履行の有無
(2)　A社に生じた損害額及び過失相殺の可否

　　本件では、関与税理士乙が、「課税事業者選択届出書」を提出して課税事業者となった方が消費税法上有利になることを具体的に認識し、又は容易に認識し得たにもかかわらず、納税者への助言・指導義務を怠ったといえるかが問題となった。

—175—

裁判所の判断

　裁判所は、顧問契約書上の委任業務の範囲、その業務と顧問報酬等（顧問報酬月額2万円、決算報酬12万円）を比較衡量した上で、税理士乙の業務は、基本的に契約書に明記された税務代理や税務相談等の事項に限られるものであり、A社からの税務に関する個別の相談又は問合せがない限り、A社の業務内容を積極的に調査し、又は予見して、A社の税務に関する経営判断に資する助言、指導を行う義務は原則としてないとの判断を示した。よって、本件税理士乙には、A社が第3期の消費税の計算において本件DVDに係る仕入税額控除を受けられなかったことについて、債務不履行があったとはいえないので、争点(2)について判断するまでもなく、A社の請求には理由がないとして、棄却した。

　しかし、判決の中で「原告［＝納税者］からの個別の相談又は問合せがなくても、原告から適切に情報提供がされるなどして、被告［＝税理士］において、原告の税務に関連する行為により課税上重大な利害損失があり得ることを具体的に認識し又は容易に認識し得るような事情がある場合には、原告に対し、その旨の助言、指導等をすべき付随的な義務が生じる場合もあるというべきである。」とも述べている。

解　説

　本事例は、東京地裁平成24年3月30日[10]の判決を参考とした事例です。
　本件では、顧問契約書に記載された業務内容が、税務書類の作成、税務代理、税務相談及び税務調査の立会いに限られていた場合に、税理士

---

[10] 判例タイムズ1382号152頁、TAINSコード Z999-0132。
　　なお、本件は納税者と課税庁との間で争われた税務訴訟事件ではなく納税者と関与税理士との間で争われた損害賠償請求事件である。このため、原告・被告の主張は割愛している。

第2編　事例検討（ケース・スタディ）

に消費税法上の「課税事業者選択届出書」を提出して課税事業者となった方が課税上有利である旨を納税者に説明すべき義務があったか否かが争点となりました。

　具体的には、A社は、第3期目の期末に多額の棚卸資産（DVD・約3億4,800万円）を所有していたため、あえて第4期に課税事業者を選択した方が有利でした。A社が設立第3期目の期末において、少なくとも約3億4,800万円の多額の在庫（DVD）を抱えそうであるという事情を具体的に認識又は容易に認識し得たならば、関与税理士乙としては、課税事業者を選択すべきであると助言する義務があるのか、納税者の業務に対する調査や予見義務の有無が問われた興味深い事件といえます。

　通常、免税事業者が課税事業者となる場合において、免税期間中に仕入れた在庫商品を課税事業者になってから販売した場合には、仕入税額控除の対象となっていない商品について、売上げについてのみ課税されるという事態が発生します。そこで、免税事業者が課税事業者となる場合には、期首在庫商品に係る税額を課税仕入れ等の税額に加算することが認められています（消法36①）。

　また、上記とは逆に課税事業者が翌期から免税事業者となる場合において、期末の在庫商品を免税事業者になってから販売する場合には、その在庫商品については仕入税額控除の対象とすることはできません。

　そこで、本事例のように課税事業者が、免税事業者となる場合、免税事業者となる課税期間の直前の課税期間の末日に所有する棚卸資産のうち、その直前の課税期間中に仕入れた棚卸資産についての課税仕入れ等の税額は、その直前の課税期間における仕入税額控除額の計算には含まれない（消法36⑤）ことになり、結果として、期末棚卸資産に係る仕入税額控除が制限される分、その課税期間の納付税額は多くなります。

　本事例のように、期末在庫が多額で、それに係る消費税の税額調整を

—177—

行うと、課税事業者となった方が明らかに有利であることを、届出書の提出期限までに納税者から正確な情報を得て有利選択のシミュレーションを行っていた場合には、届出書の提出は十分可能であったわけです。

Check Point!

こうした消費税の有利選択に関する個別の相談や問合せが事前に納税者からあったにもかかわらず、関与税理士が有利選択の判断を行わないまま、期間徒過により「届出書」や「申請書」の提出が不可能となった場合には、債務不履行による過失があったと認定される可能性が高くなっていることにも注意が必要です。

関連する判例・裁決

税理士又は税理士法人による届出書の不提出が問題とされた損害賠償事件としては、他にも東京地判・平成26年3月26日[11]（請求棄却・確定）等があります。この事件は、原告Ｘ１社及びそのグループ会社らが、税理士である被告、被告Ｙ１会計及び被告税理士法人Ｙ２社に対し、原告Ｘ１社のグループ会社36社における消費税の課税形態の選択に関して、必要な事情聴取や調査を行い、適切な課税形態を判断すべき義務を怠ったことにより、不適切な課税形態が選択されて、消費税の還付を受けられず、不要な納税をしたことによる損害を被ったと主張して、損害賠償請求をした事案です。

（判決の要旨）

(1)　原告らは、被告らが、原告らとの間の包括的委任契約、税務顧問

---

[11] 判例タイムズ1416号176頁。

第2編　事例検討（ケース・スタディ）

契約又は決算業務及び税務申告業務の受任に基づいて、原告らに対し本件各義務を負っていたと主張した。しかし、原告らと被告らとの間で包括的委任契約ないし税務顧問契約が締結されていた事実が認められない。

(2)　また、被告法人らが本件各対象会社の決算補助業務並びに法人税及び消費税の申告業務を受任していたことはそのとおりであるけれども、消費税の課税形態に関する判断は、翌期・翌々期の事業の見込みに従って行われるべきものであり、決算補助業務や法人税・消費税の申告業務を行うことから直ちに導き出されるものではないのであるから、被告らがこれらの業務を受任していたことから直ちに被告らが本件各義務を負うものと認めることはできない。

(3)　消費税の課税形態に関する判断は、当該事業者の翌期・翌々期の売上げ及び仕入れという事業の見通しに従って行われるべきものであって、いったん課税事業者ないし簡易事業者の選択をすると2年間はそれをやめることができないので、その判断は当該事業者に委ねられているところであり、税務申告等に関与する税理士ないし税理士法人が決定し得るところではないというべきである。したがって、税務申告等に関与する税理士ないし税理士法人については、依頼者である事業者から個別の相談又は問い合わせがない限り、その事業者について、事業の見通しを積極的に調査し、又は予見した上で、当該事業者の消費税の課税形態の選択について助言又は指導を行うべき義務は原則としてないものというべきである。

(4)　もっとも、法人税・消費税の申告業務等を受任している税理士法人としては、依頼者から消費税の課税形態に関する個別の相談若しくは問い合わせがある場合又は個別の相談若しくは問い合わせがなくとも依頼者から適切な情報提供がされるなどして、税務に関する行為に

よって課税上重大な利害得失があり得ることを具体的に認識し、若しくは容易に認識し得るような事情がある場合には、依頼者に対し、当該行為の助言、指導等をするべき付随的な義務が生じる場合もあり得るというべきである。

(5) 原告Ｘ１社は、自らの判断に基づいて届出書を提出しなかったものと推認されるのであるから、被告らが、原告Ｘ１社に対し、課税形態の選択について何らかの助言、指導等をするべき事情があったとも認められない。したがって、平成20年３月期申告分について、被告らにおいて、債務不履行責任又は不法行為責任を負うものとは認められないというべきである、と判断し、原告（納税者）の請求は棄却されました。

第2編　事例検討（ケース・スタディ）

〔事例4〕「簡易課税制度選択不適用届出書」の提出と
やむを得ない事情を巡る裁判例

事例の概要

(1)　A社は、「課税事業者届出書」及び「簡易課税制度選択届出書」を提出し、簡易課税制度の適用事業者であったが、平成7年8月期より免税事業者になった。平成5年10月28日に「消費税の納税義務者でなくなった旨の届出書」の提出はしている。

(2)　A社は、その後の課税期間も免税事業者であったが、平成10年8月期に設備投資を行う予定があるので、「課税事業者選択届出書」（消法9④）をその前期である平成9年8月22日に提出し、平成10年8月期の消費税及び地方消費税については、平成10年11月1日に本則課税方式により計算し確定申告書を提出した。

(3)　ところが、A社は「簡易課税制度選択届出書」を提出していたままで、「簡易課税制度選択不適用届出書」の提出をしていなかったので、本則課税は適用できないという所轄税務署からの連絡により、簡易課税制度を適用して消費税等の計算をし直し、平成10年11月17日付で修正申告をした。

(4)　そして、「簡易課税制度選択不適用届出書」を提出できなかったことについて「やむを得ない事情」があったとして、平成11年1月12日に、「簡易課税制度選択不適用届出に関する特例承認申請書」を提出し、また、同日付で、修正申告は、簡易課税制度を適用して消費税等の計算をした誤りがあるとして、消費税等の更正の請求をした。

(5) これに対し、所轄税務署長は、平成11年3月31日付で本件特例承認

—181—

申請には「やむを得ない事情」がないとしてこれを却下し、また本件更正請求に対しても、更正の理由がない旨の通知を行った。

争　点

A社が「簡易課税制度選択不適用届出書」を提出できなかったことについて、消費税法37条5項［現行：6項］に規定する「やむを得ない事情」があったかどうか。

税務当局の主張

消費税法37条5項［現行：6項］は災害等の場合における宥恕規定として創設されたものであり、やむを得ない事情の解釈としても同様に解すべきである。

A社が「簡易課税制度選択不適用届出書」を所定期日までに提出できなかったのは、①免税事業者の期間が長期継続していたこと、②途中で関与税理士を変更したこと、③「納税義務者でなくなった旨の届出書」の提出により、簡易課税制度選択事業者でもなくなったと理解していたことであるが、①及び③は税法の不知又は誤解であり、②はA社の個人的事情であるからいずれもやむを得ない事情に該当しないことは明らかである。

納税者の主張

(1)　消費税法37条5項［現行：6項］の「やむを得ない事情」がある場合の特例規定は、施行令においてもやむを得ない事情の範囲を具体的に規定しておらず、かなり広範な内容を持つものといえ、弾力性のある幅広い取扱いをすべきで、納税者の主観的事情も十分考慮されるべきである。

—182—

第2編　事例検討（ケース・スタディ）

(2)　A社は、免税事業者の期間が長期であったことや途中で関与税理
士を変更したことに加え、消費税に関する豊富な知識を有しておらず、
「納税義務者でなくなった旨の届出書」を提出すれば、免税事業者と
なり、当初提出していた「簡易課税制度選択届出書」は効力を失うも
のと考えたので、これらの事情によれば、やむを得ない事情があった
といえる。

裁判所の判断

(1)　消費税法37条5項［現行：6項］は、事業者が、課税期間開始前
に「簡易課税制度選択不適用届出書」を提出できなかった場合の特例
については政令で定める旨規定し、これを受けて、同法施行令57条の
2第2項は、簡易課税制度の適用をやめようとする事業者が、「やむ
を得ない事情」があるため、簡易課税制度の適用を受けることをやめ
ようとする課税期間の初日の前日までに「簡易課税制度選択不適用届
出書」を提出できなかった場合において、所轄税務署長の承認を受け
たときは、当該課税期間の初日の前日にこれを提出したものとみなす
旨規定している。

「やむを得ない事情」とは、災害又はそれに準ずるような自己の責
めに帰することのできない客観的事情があり、課税期間開始前に届出
書を提出できない場合のことをいうものと解すべきであり、租税に関
する知識不足や誤解などの主観的事情はこれに当たらないというべき
である。

これに対し、A社は、「やむを得ない事情」の解釈に当たっては、
主観的事情も考慮し、ある程度広範に認めるべきであるなどと主張す
るが、上記の諸点に加え、簡易課税制度は、中小事業者の事務負担を
考慮し、原則である本則課税の例外として簡易な算定方法を認めたも

—183—

のであって、A社主張のように「やむを得ない事情」の範囲を広範に解することはできない。

(2) 本件についてみると、A社は、①免税事業者の期間が長期であったこと、②途中で関与税理士を変更したこと、③納税義務者でなくなった旨の届出書を提出したことにより、簡易課税制度選択適用届出書の効力が消滅したと解していたことなどをもってやむを得ない事情があったと主張しているのであるが、①及び③は税法の不知又は誤解に過ぎず、②はA社の個人的事情であって、いずれも災害又はこれに準ずるような自己の責めに帰することのできない客観的事情とはいえないから、消費税法37条5項［現行：6項］の「やむを得ない事情」には該当しない、として請求は棄却された。

解　説

本事例は、千葉地裁の平成13年11月30日判決（棄却・確定）[12]を参考とした事例です。

(1)　簡易課税制度選択届出書を提出した場合

①基準期間の課税売上高が5,000万円以下の場合で、かつ、②「簡易課税制度選択届出書」を提出している場合は、簡易課税を適用することができます（消法37①）。

「簡易課税制度選択届出書」は、その適用を受けようとする課税期間の初日の前日までに提出する必要があります。簡易課税の選択は、その届出を行った日の属する課税期間の翌課税期間以後において効力を生じ、適用されます。新たに事業を開始した場合等は、開始した課税期間内に提出すれば、その課税期間から効力が生じ適用されます

---

[12] 税務訴訟資料251号順号9028、TAINSコード Z251-9028

第2編　事例検討（ケース・スタディ）

（消法37①かっこ書、消令56）。なお、簡易課税の届出書を提出した事業者は、その翌課税期間の初日から2年を経過する日の属する課税期間以降、すなわち、2年を経過した後でなければ取りやめることはできません（消法37⑥）。また、この届出書を提出した場合は、「簡易課税制度選択不適用届出書」を提出しない限り、本件のように長期間免税事業者となっていても、簡易課税制度選択事業者の状態が維持されるので注意をする必要があります（消法37⑥）。

　「簡易課税制度選択不適用届出書」は、「簡易課税制度選択届出書」と同様に事前に届出をしなければなりません。

(2)　「やむを得ない事情」が生じた場合の届出の特例

　事業者が、やむを得ない事情により、課税期間開始前に「簡易課税制度選択届出書」又は「簡易課税制度選択不適用届出書」を提出できなかった場合には、課税期間開始後に提出した届出書も所轄税務署長の承認を受けたときは、その課税期間の初日の前日にこれを提出したものとみなす旨を規定しています（消法37⑧、消令57の2）。

(3)　「やむを得ない事情」の範囲（消基通13-1-5の2、1-4-16）

① 　震災、風水害、雪害等の天災又は火災その他の人的災害で自己の責任によらないものに基因する災害が発生した場合

② 　①に規定する災害に準ずるような状況又はその事業者の責めに帰することができない状態にある場合

③ 　その課税期間の末日前おおむね1か月以内に相続があったことにより、その相続に係る相続人が新たに個人事業者となった場合

④ 　①から③までに準じる事情がある場合で、税務署長がやむを得ないと認めた場合

本件の判旨によると、「やむを得ない事情」の範囲とは上記通達に示されているような自己の責めに帰することのできない客観的事情がある

—185—

場合に限り、主観的事情（個人的事情）はその範囲に含まれないとの判断が行われています。

関連する判例・裁決

（判例・裁決の要旨）

(1)　平成8年6月27日裁決（棄却）[13]

　　請求人は平成元年3月9日に「課税事業者届出書」と「簡易課税制度選択届出書」を提出していましたが、平成6年度における消費税の申告を本則（原則）課税による還付申告で行ったため、課税庁は簡易課税制度を適用して計算した消費税及び過少申告加算税の更正処分等を行いました。請求人がその全部の取消しを求めて審査請求をしましたが、「消費税の納税義務者でなくなった旨の届出書」の提出だけでは、簡易課税の効力は失効されないと判断され、審査請求は棄却されました。

(2)　平成11年7月5日裁決（棄却）[14]

　　請求人は、「消費税の納税義務者でなくなった旨の届出書」を提出したことによって、「簡易課税制度選択届出書」の効果は、適用される余地はないと主張しましたが、上記(1)の裁決と同様に「簡易課税制度選択不適用届出書」を提出しなければならず、「消費税の納税義務者でなくなった旨の届出書」では失効しないと判断され、審査請求は棄却されました。

(3)　平成13年4月27日裁決（棄却）[15]

　　通信機器工事業を営む請求人は、簡易課税制度適用期間に取得した

---

[13] 裁決事例集　51集　731頁　TAINSコード J51-5-42
[14] 裁決事例集　58集　292頁　TAINSコード J58-5-20
[15] 裁決事例集　61集　671頁　TAINSコード J61-5-51

第2編　事例検討（ケース・スタディ）

建物を本則課税適用課税期間（当該課税期間の基準期間の課税売上高が2億円を超えていた）に売却したため、簡易課税制度選択はできず、本則（原則）課税の方法で行わざるを得ない。したがって、仕入税額控除の額の計算の基礎とすべきと主張する建物は、本件課税期間前に仕入れられたものであり、当該課税期間の仕入税額控除の対象とすることができないことは明らかであり、簡易課税によった場合に比べて税負担が大きくなることをもって本件更正処分が不当であるということもできないと判断されて、審査請求は棄却されました。

(4)　**平成13年11月30日裁決** （棄却)[16]

　　駐車場業を営む請求人は、「簡易課税制度選択届出書」の提出後、「簡易課税制度選択不適用届出書」の提出がなかったため、設備投資に係る消費税等の還付を受ける目的で本則課税を適用して申告したが、還付は認められないとの判断がなされ、請求は棄却されました。

(5)　**平成14年12月2日裁決** （その後下記(6)の裁判となる。）（棄却)[17]

　　産婦人科医師であるとともに、不動産の賃貸、花屋を経営する請求人は、平成元年9月29日に「課税事業者届出書」及び「簡易課税制度選択届出書」を原処分庁に提出しました。その後、平成13年5月2日に税理士が代わり、申告方式を課税庁に電話確認したところ、本則課税である旨回答があり、原則課税による申告を行い、その後の申告書に記載された還付金が送付された等の理由により、簡易課税によるべきであるとした更正処分を不服として審査請求をしましたが、「正当な理由」があるということにならないと判断されて、請求は棄却されました。

16　裁決事例集　62集　435頁　TAINSコード J62-5-32
17　裁決事例集　64集　17頁　TAINSコード J64-1-02

(6) 上記(5)の裁決後の福岡地裁　平成16年5月21日判決（棄却）、控訴審・福岡高裁　平成17年3月3日判決（棄却・確定）[18]

産婦人科医師であるとともに不動産の賃貸、花屋を経営する原告は、簡易課税制度選択の届出はしていたが、関与税理士が代わったため申告方式を課税庁に電話確認し、本則課税である旨の回答があり、その後は本則課税で申告が行われていた。不服審判所では本則（原則）課税による還付金及び本則（原則）課税の申告書が送付されたことについて、課税庁の事務処理が不適切であったことを認めたものの、裁判所ではこれらの主張は認められなかった。

(7) 名古屋地裁　平成15年5月28日判決（棄却）、控訴審・名古屋高裁　平成15年8月19日判決（棄却）、名古屋高裁　平成15年10月24日判決（却下・確定）、上告審・最高裁　平成15年12月18日第一小法廷判決（棄却・確定）[19]

建築物の清掃、メンテナンス等を業とする有限会社が、平成12年5月25日に「課税事業者届出書」及び「簡易課税制度選択届出書」を提出したが、事業区分欄が空白であるということを理由に届出の効力がないという主張を行ったが、どの事業者がいつから簡易課税制度を選択するのかに関わる事項など、必要不可欠と考えられる事項の記載が欠けている場合には、その届出は効力を生じないが、それ以外の事項については、その記載を欠くからといって、直ちに届出の効力を否定すべきものとはいえないとして、請求は棄却されました。

---

[18] 税務訴訟資料　254号順号9653、TAINS コード Z254-9653
　　控訴審　税務訴訟資料　255号順号9951、TAINS コード Z255-09951
[19] 税務訴訟資料　253号順号　9354、TAINS コード Z253-9354
　　控訴審　税務訴訟資料　253号順号　9408、TAINS コード Z253-9408
　　税務訴訟資料　253号順号　9461、TAINS コード Z253-9461
　　上告審　税務訴訟資料　253号順号　9488、TAINS コード Z253-9488

—188—

第2編　事例検討（ケース・スタディ）

(8)　**平成15年12月12日裁決**（棄却）[20]

コンピューター部品の卸売りを業とする法人である請求人は、課税事業者に該当することから簡易課税制度を選択していました。請求人の本件課税期間（平成14年7月1日〜同年9月30日）に係る基準期間の課税売上高は3,000万円（当時の免税点）以下であり、免税事業者であるにもかかわらず、本件課税期間について課税事業者選択届出書を提出することにより、課税事業者となったのであるから、本件課税期間の仕入れに係る消費税額の計算においては、簡易課税の規定の適用はなく、本則計算である消費税法第30条の規定により行うこととなる旨を主張しました。

しかしながら、審判所は①請求人は平成7年3月23日に「簡易課税制度選択届出書」を提出した後、平成14年12月24日に「簡易課税制度選択不適用届出書」を提出しているが、それ以前に「簡易課税制度選択不適用届出書」を提出した事実は認められないこと、②平成14年6月24日に適用開始日を本件課税期間の開始日とする「課税期間特例選択届出書」を提出した上で、本件課税期間について「課税事業者選択届出書」を提出していること及び③本件課税期間に係る基準期間における課税売上高は2億円（当時の簡易課税の適用基準額）以下であることから、本件課税期間（平成14年7月1日〜同年9月30日）において簡易課税制度の適用を受ける事業者であることは明らかであるとして、請求は棄却されました。

(9)　**平成16年9月15日裁決**（棄却）[21]

中古品小売販売を業とする請求人が消費税の確定申告書を法定申告期限までに提出できなかったこと及び「簡易課税制度選択届出書」を

---

20 裁決事例集　第66集　341頁、TAINS コード J66-5-23
21 裁決事例集　68集　276頁、TAINS コード J68-5-21

—189—

提出できなかったことは、①会社設立時の届出をした際に、原処分庁から簡易課税制度について説明が一切なかったこと、②会社設立時の届出書類一式の中に簡易課税制度選択届出書の用紙がなかったこと、③簡易課税制度について原処分庁が十分な周知を行わなかったことが原因であるから、原処分庁は、簡易課税制度を適用して消費税等の納付すべき税額を計算すべきである旨を主張しました。

　しかしながら、審判所は税務署長が納税者に対して、簡易課税制度について周知しなければならないとする法令上の規定はなく、また、申告納税制度の下における消費税等の確定申告、申請及び届出等の手続きは納税者自身の責任と判断においてなされるべきであり、税法の単なる不知により納税者自身不利益を受けたとしても、それは納税者自身において甘受せざるを得ないと解されるから、この点に関する請求人の主張には理由がないとして、請求は棄却されました。

(10)　**東京高判　平成17年4月13日**（棄却・確定）[22]

【簡易課税制度選択不適用届出書の不提出／やむを得ない事情】

　消費税法施行令57条の2第2項（中小事業者の仕入れに係る消費税額の控除の特例の適用を受ける旨の届出等に関する特例）に規定する「やむを得ない事情」の意義について、簡易課税制度選択不適用届出書を提出できなかったのは、税務相談において誤った教示をされたことによるものであるから、同項の「やむを得ない事情」があり、所定の期限までに届出書が提出されたものと扱われるべきであるとの原告会社の主張が、原告会社は、単に税法の不知ないし原告会社が合併法人の従前の申告方法を把握していなかったことによるものといわざるを得ないのであって、これをもって原告会社の責めに帰することができない状態にあったとは

---

[22] 税務訴訟資料　第255号－112（順号9993）、原審・東京地判平成16年11月9日税務訴訟資料　第254号－301（順号9808）

—190—

認められないから、「やむを得ない事情」の存在を認めることはできないとされ、請求は棄却されました。

また、課税庁の担当係官が税務相談に対して誤った、あるいは不十分な回答をしたことによって、簡易課税制度選択不適用届出書を提出する機会を失い、原告会社に損害を与えたのであるから、担当係官に国家賠償法上の違法があるとする原告会社の主張が、税務相談は相談者の一方的な申立てに基づいて、その申立ての範囲内で担当係官の判断を示すものであるから、税務相談に当たった担当係官は、原則として原告会社から提示された事実関係に基づいて相談事項を検討すれば足り、それ以上に相談者が提示しない事項についてまで調査・回答すべき義務を負うものでないと解するのが相当であるところ、原告会社の担当係官に対する説明内容から、簡易課税制度選択不適用届出書を提出することが必要であることまで説明することを要求することはできないのであるから、担当係官の対応に国家賠償法上の違法はないとされました。

(11)　名古屋高判　平成18年 5 月18日（棄却・確定）[23]
【簡易課税制度選択届出書の提出は錯誤無効として撤回し本則で申告することの可否】

　簡易課税制度選択届出書の提出に当たって、事業者の営む事業の区分に認識のそごがあり、その結果、予想していたよりも低いみなし仕入率が適用されることとなったとしても、民法95条（錯誤）を適用して直ちに簡易課税選択届出書の提出を無効とすべきものではなく、上記届出書の提出が第三者による詐欺、強迫に基づいて行われた場合などのように事業者に帰責事由がなく、かつ簡易課税制度の不適用を許さないならば、事業者の利益を著しく害して正義に反すると認められる特段の事情があ

---

23 税務訴訟資料　第256号－139（順号10399）、原審・名古屋地判平成17年12月22日税務訴訟資料
　　第255号－372（順号10253）

る場合に限り、錯誤による無効を主張することが許されると解すべきである（昭和39年最高裁判所判決参照）とされた。

　控訴人会社は、柔道着の生地を受注すると、まず、その原材料となる糸を糸問屋から購入し、同時にこれを受注内容どおりの生地に加工するように複数の加工業者に必要な加工作業を受注し、最終加工業者の加工作業によって完成品となるのであるから、商品に製造行為による付加価値が加えられ、そこには、原材料の納入から完成品の引渡しまでの一連の過程において、その程度はともかくとしても控訴人会社の計算における企画、指図が寄与しているといわざるを得ず、これは、製造、加工工程が、加工業者等において既に確立されているか否か、控訴人会社が個別具体的な指図をするか否かによって左右されないというべきであるから、控訴人会社が行う事業の簡易課税制度における事業区分は、第三種事業に当たるとされた。

　控訴人会社は、詐欺や強迫行為を受けたわけではなく、自由な意思決定の下に簡易課税制度を選択したと認められる上、錯誤の内容が簡易課税制度の本質的部分に関わるものではないことなどを総合すると、控訴人会社が、簡易課税制度の適用を選択した課税期間の始期から2か月余を経過したにすぎない時点で取下げ（撤回）を申し入れたとしても、錯誤により無効とすべき特段の事情に当たらないと判断するのが相当であるとして、請求は棄却されました。

(12)　名古屋高判　平成24年8月2日判決（棄却・上告）[24]

【簡易課税制度選択不適用届出書の不提出／本則課税適用の可否】

　簡易課税を適用した課税期間については、課税仕入れに係る消費税額

---

[24] 税務訴訟資料　第262号－168（順号12018）。第1審・津地判平成24年3月15日税務訴訟資料　第262号－58（順号11908）、最決（三小）・平成24年12月11日（上告棄却）税務訴訟資料　第262号－262（順号12112）

—192—

第2編　事例検討（ケース・スタディ）

の計算や帳簿等の保存等の面で事務負担軽減の利益を享受することができるのであり、その一方で、課税期間中の課税仕入高の金額いかんによっては、結果的に本則課税を適用した場合より消費税額等が高くなる場合があり得るとしても、簡易課税の適用にこのような利害得失があることは、一般的に予測可能なことであって、事業者においては、事務負担の軽減等も含めた広い意味での利害得失を自ら判断したうえで、基準期間の課税売上高をもとに、簡易課税の適用を選択することが予定されているということができる。

簡易課税の適用及び不適用の届出は、一定の時期までに事業者自らがその利害得失等を判断して選択することとされている以上、簡易課税の適用を選択した事業者が、その適用を受ける課税期間について、本則課税を適用した場合より高額な消費税額等を申告し納付することになったとしても、それは法律に基づき適法に確定した消費税等を納付するものと評価できるというべきである。

本体価格の5パーセント分の金額以上の税額は消費税等ではあり得ないとはいえず、簡易課税を適用して計算した消費税額等が本則課税を適用して計算した消費税額等を上回ることがあり得ることが制度の不備であるともいえないから、原告の主張は全て採用できない。なお、みなし仕入税額が実際の仕入税額を超える場合には、消費者の負担した消費税名目の金額の一部が納税されずに事業者の元に留保され、益税が生じることになる。控訴人は、本件課税期間以外の過年度においては、益税という簡易課税の適用による事実上の利益を受けていたものである。

控訴人は、本件課税期間の開始後、総額8,000万円程の仕事の依頼を受け、例年の5倍程度にも及ぶ予測不可能な売上増となったため、簡易課税制度選択不適用届出書を提出できなかったことについて、消費税法37条7項［現行：8項］が規定する「やむを得ない事情」があると主張

—193—

する。

　しかし、同項所定の「やむを得ない事情」があるとして、特例規定の適用が認められるのは、災害又はこれに準ずるような事業者の責めに帰することのできない事情により、不適用届出書の提出ができない状態となった場合であると解するのが相当である。控訴人の主張する事情が「やむを得ない事情」に当たらないことは明らかであり、控訴人の上記主張は採用できないとして、請求は棄却されました。

(13)　宇都宮地裁　平成25年9月11日（棄却・確定）[25]

【簡易課税制度の合理性】

　消費税法37条1項の要件を満たす事業者は、簡易課税制度と本則課税制度のいずれかを選択することができるが、簡易課税制度の適用を受ける場合には簡易課税制度選択届出書を、既に簡易課税制度の適用を受けている者がこれをやめようとする場合には簡易課税制度選択不適用届出書を、それぞれ所定の期限までに提出しなければならない。簡易課税制度と本則課税制度のいずれを選択するかについては事業者の選択に委ねられているのであるから、簡易課税制度を選択した事業者が、結果的に本則課税制度を適用して算定された税額よりも高額の消費税等を納付する義務を負うことになったとしても、そのことをもって簡易課税制度が不合理であるとはいえない。

　簡易課税制度は、実際の仕入額とみなし仕入額の多寡により、納付すべき税額の点において事業者にとって有利にも不利にもなり得る制度であって、このような結果を甘受した上で納税事務の負担の軽減という利益を享受するかどうか、すなわち同制度の適用を受けるかどうかについてはまさに事業者の選択に委ねられているというべきであるから、税務

---

[25] 税務訴訟資料　第263号－165（順号12289）

—194—

第2編　事例検討（ケース・スタディ）

職員について、原告が主張するような説明義務は認められない。

　原告は、宇都宮税務署の職員から、課税方式には「選択肢があること」を知らされた上で、「悩んだ挙句、簡単にできそうな簡易課税を選択した」というのであるから、まさに納税事務の負担の軽減という簡易課税制度の利益を享受しており、結果的に簡易課税制度を適用して算定された税額の方が本則課税制度を適用して算定された税額よりも高額であったとしても、それは自らの選択による結果であって、簡易課税制度の適用を否定する理由にはならないというべきである。したがって、原告の主張は採用することができないとして、請求は棄却されました。

Check Point!

　「申告納税制度の下における消費税等の確定申告、申請及び届出等の手続は納税者自身の責任と判断においてなされるべきであり、税法の単なる不知により納税者自身不利益を受けたとしても、それは納税者自身において甘受せざるを得ない」というのが、裁判例・裁決事例での判断であることに留意しておく必要があります。

—195—

第3編
届出書・申請書の様式と
記入すべき事項

「第1編　制度のあらまし」で説明している届出書・申請書以外
にも、多くの様式がありますが、ここでは実務で頻繁に用いられ
る重要性の高いものを取り上げています。

〔実務で重要性の高い「届出書」の一覧表〕

〔パターンⅠ〕 事由が生じた場合速やかに提出するもの

届出書名称・様式	届出が必要な場合	提出期限等
消費税課税事業者届出書（基準期間用）（第3-(1)号様式）	基準期間における課税売上高が1,000万円超となったとき	事由が生じた場合速やかに
消費税課税事業者届出書（特定期間用）（第3-(2)号様式）	特定期間における課税売上高が1,000万円超となったとき	事由が生じた場合速やかに
消費税の新設法人に該当する旨の届出書（第10-(2)号様式）	基準期間がない事業年度の開始の日における資本金の額又は出資の金額が1,000万円以上であるとき	事由が生じた場合速やかに（ただし、所定の事項を記載した法人設立届出書の提出があった場合は提出不要）
消費税の特定新規設立法人に該当する旨の届出書（第10-(3)号様式）	基準期間がない事業年度の開始の日における資本金の額又は出資の金額が1,000万円未満であり一定の要件に該当するとき	事由が生じた場合速やかに
高額特定資産の取得に係る課税事業者である旨の届出書（第5-(2)号様式）	高額特定資産の仕入れ等を行ったことにより、基準期間の課税売上が1,000万円以下となった課税期間にも課税事業者となるとき	事由が生じた場合速やかに
消費税の納税義務者でなくなった旨の届出書（第5号様式）	基準期間における課税売上高が1,000万円以下となったとき	事由が生じた場合速やかに

—198—

第3編　届出書・申請書の様式と記入すべき事項

〔パターンⅡ〕　選択（又は不適用）の意思表示と提出期限の定めがあるもの

届出書名称・様式	届出が必要な場合	提出期限等
消費税課税事業者選択届出書（第1号様式）	免税事業者が課税事業者になることを選択しようとするとき(注1)(注3)	選択しようとする課税期間の初日の前日まで(注5)
消費税課税事業者選択不適用届出書（第2号様式）	課税事業者を選択していた事業者が免税事業者に戻ろうとするとき(注1)(注3)	選択をやめようとする課税期間の初日の前日まで
消費税簡易課税制度選択届出書（第24号様式）	簡易課税制度を選択しようとするとき(注2)	選択しようとする課税期間の初日の前日まで(注5)
消費税簡易課税制度選択不適用届出書（第25号様式）	簡易課税制度の選択をやめようとするとき(注2)	選択をやめようとする課税期間の初日の前日まで
消費税課税期間特例選択・変更届出書（第13号様式）	課税期間の短縮を選択又は変更しようとするとき(注4)	短縮又は変更に係る期間の初日の前日まで(注6)
消費税課税期間特例選択不適用届出書（第14号様式）	課税期間の短縮の選択をやめようとするとき(注4)	選択をやめようとする課税期間の初日の前日まで
消費税課税売上割合に準ずる割合の不適用届出書（第23号様式）	課税売上割合に準ずる割合の適用をやめようとするとき	適用をやめようとする課税期間の末日まで

(注) 1　「消費税課税事業者選択届出書」を提出して課税事業者となっている場合、新設法人に該当する場合又は高額特定資産の仕入れ等を行った場合には、一定期間「消費税簡易課税制度選択届出書」を提出できない場合があります。

2　消費税簡易課税制度選択届出書を提出した場合には、原則として、適用を開始した課税期間の初日から2年を経過する日の属する課税期間の初日以後でなければ、適用をやめようとする旨の届出書を提出することができません。

—199—

ただし、災害その他やむを得ない事由が生じたことにより被害を受け
　　た事業者が、その被害を受けたことにより、簡易課税制度を選択する必
　　要がなくなった場合には、所轄税務署長の承認を受けることにより、災
　　害等の生じた日の属する課税期間等から簡易課税制度の適用をやめるこ
　　とができます。

3　消費税課税事業者選択届出書を提出した場合には、原則として、適用
　　を開始した課税期間の初日から2年（一定の要件に該当する場合には3
　　年を経過する日の属する課税期間の初日以後でなければ、適用をやめよ
　　うとする旨の届出書を提出することができません。

4　消費税課税期間特例選択届出書を提出した場合には、原則として、適
　　用を開始した課税期間の初日から2年を経過する日の属する課税期間の
　　初日以後でなければ、適用をやめようとする旨の届出書を提出すること
　　ができません。

※　パターンⅡの届出書については、以下の点も注意して下さい。

5　事業を開始した日の属する課税期間から消費税簡易課税制度選択届出
　　書又は消費税課税事業者選択届出書に係る制度を選択する場合には、こ
　　れらの届出書をその事業を開始した日の属する課税期間の終了の日まで
　　に提出すれば、その課税期間から選択することができます。

6　事業を開始した日の属する課税期間から、課税期間の短縮の特例制度
　　を選択する場合には、消費税課税期間特例選択届出書をその事業を開始
　　した日の属する課税期間の末日までに提出すれば、その期間から選択で
　　きます。

第3編　届出書・申請書の様式と記入すべき事項

〔実務で重要性の高い「申請書」の一覧表〕

〔パターンⅢ〕　選択（又は不適用）の意思表示と承認を必要とするもの

申請書名称・様式	承認申請が必要な場合	承認申請期間・効力発生時期等
消費税課税事業者選択（不適用）届出に係る特例承認申請書（第33号様式）	課税事業者選択届出書又は選択不適用届出書を災害等により適用を受けようとする課税期間の初日の前日までに提出できなかった場合	災害等がやんだ日から2か月以内に申請書を提出（課税事業者選択（不適用）届出書と併せて提出）
消費税簡易課税制度選択（不適用）届出に係る特例承認申請書（第34号様式）	簡易課税制度選択届出書又は選択不適用届出書を災害等により適用を受けようとする課税期間の初日の前日までに提出できなかった場合	災害等がやんだ日から2か月以内に申請書を提出（簡易課税制度選択（不適用）届出書と併せて提出）
災害等による消費税簡易課税制度選択(不適用)届出に係る特例承認申請書（第35号様式）		
消費税課税売上割合に準ずる割合の適用承認申請書（第22号様式）	課税売上割合に代えて課税売上割合に準ずる割合を用いて仕入控除税額を計算しようとするとき	承認を受けようとする課税期間中に提出（承認を受けた日の属する課税期間から適用可能）

　以下、これらの様式と記入すべき事項の留意点を記載しています。

—201—

第3−(1)号様式

基準期間用

消 費 税 課 税 事 業 者 届 出 書

収受印

令和　年　月　日	届出者	（フリガナ）	トウキョウト　チヨダク　カスミガセキ　○-○-○
		納税地	（〒100 − 0013 ） 東京都千代田区霞が関○-○-○ （電話番号　03　−××　−××　）
		（フリガナ）	トウキョウト　チヨダク　カスミガセキ　○-○-○
		住所又は居所 （法人の場合） 本店又は 主たる事務所 の所在地	（〒100 − 0013 ） 東京都千代田区霞が関○-○-○ （電話番号　03　−××　−××　）
		（フリガナ）	カブシキガイシャ　トウキョウショウジ
		名称（屋号）	株式会社　東京商事
		個人番号 又は 法人番号	↓ 個人番号の記載に当たっては、左端を空欄とし、ここから記載してください。 1　2　3　4　5　6　7　8　9　0　1　2　3
		（フリガナ）	スズキ　タロウ
麹町 税務署長殿		氏名 （法人の場合） 代表者氏名	鈴木　太郎　　　　　　　　　　　　　印
		（フリガナ）	トウキョウト　スギナミク　オオミヤ○-○-○
		（法人の場合） 代表者住所	東京都杉並区大宮○-○-○ （電話番号　03　−××　−××　）

下記のとおり、基準期間における課税売上高が1,000万円を超えることとなったので、消費税法
第57条第1項第1号の規定により届出します。

適用開始課税期間	Ⓐ	自 平成・（令和） 2 年 4 月 1 日	至 平成・（令和） 3 年 3 月 31 日		
上記期間の 基準期間	Ⓑ	自 平成・（令和） 30 年 4 月 1 日 至 平成・（令和） 31 年 3 月 31 日	左記期間の 総売上高 左記期間の 課税売上高	Ⓒ	12,036,162 円 ※11,984,015 円
事業内容等	Ⓓ	生年月日（個人）又は設立年月日（法人）	1明治・2大正・3昭和・（4平成）・5令和 20 年 4 月 10 日	法人のみ記載	Ⓔ 事業年度 自 4 月 1 日 至 3 月 31 日 Ⓕ 資本金 8,000,000 円
	Ⓖ	事業内容	日用品雑貨販売業	Ⓗ	届出区分 相続・合併・分割等・（その他）
参考事項	Ⓘ		税理士 署名 押印		印 （電話番号　　−　　−　　）

※税務署処理欄	整理番号		部門番号			
	届出年月日	年　月　日	入力処理	年　月　日	台帳整理	年　月　日
	番号確認		身元確認 □ 済 □ 未済	確認書類	個人番号カード／通知カード・運転免許証 その他（　　　　　　　　）	

注意 1.裏面の記載要領等に留意の上、記載してください。
　　 2.税務署処理欄は、記載しないでください。

−202−

【第3-(1)号様式　消費税課税事業者届出書（基準期間用）】
⇒この届出書の解説は21-24ページを参照

A. 「適用開始課税期間」欄には、納税義務が免除されないこととなる課税期間（課税事業者となる課税期間）の初日及び末日を記載します。

B. 「上記期間の基準期間」欄には、適用開始課税期間の基準期間の初日及び末日を記載します。

C. 「左記期間の総売上高」欄及び「左記期間の課税売上高」欄には、それぞれ基準期間に国内において行った「資産の譲渡等の対価の額の合計額」及び「課税資産の譲渡等の対価の額の合計額」を記載します。

(注)「資産の譲渡等の対価の額の合計額」及び「課税資産の譲渡等の対価の額の合計額」は、いずれも消費税額及び地方消費税額を含まない金額をいいます。輸出取引に係る売上高を含み、売上げに係る対価の返還等の金額（税抜き）は含みません。

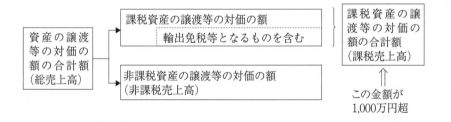

なお、基準期間が1年に満たない法人については、その期間中の資産の譲渡等の対価の額の合計額及び課税資産の譲渡等の対価の額の合計額をその期間の月数で除し、これを12倍した金額を記載して下さい。

また、基準期間において免税事業者であった場合には、その課税期間中の課税売上高（「左記期間の課税売上高」欄）には、消費税及び地方消費税が課税されていませんので、税抜き処理を行う必要はありま

せん。

D.「生年月日（個人）又は設立年月日（法人）」欄には、個人事業者は生年月日を、法人は設立年月日を記載します。

なお、元号は該当する箇所に〇を付します。

E.「事業年度」欄には、法人の事業年度を記載します（個人事業者は不要です。）。

なお、事業年度が1年に満たない法人については、「適用開始課税期間」欄に記載した開始年月日を含む事業年度の初日及び末日を記載します。

また、設立第1期目で事業年度が変則的なものとなる場合などは、通常時の事業年度を記載します。

F.「資本金」欄には、資本金の額又は出資の金額を記載します（個人事業者は不要です。）。

G.「事業内容」欄には、事業者の営む事業の具体的な内容を記載します。

H.「届出区分」欄には、届出の事情に該当する項目に〇を付します。相続、合併又は分割等があったことによりこの届出書を提出する場合には、それぞれ該当する事由に〇を付し、それ以外の場合にはその他に〇を付します。

I.「参考事項」欄には、その他参考となる事項等がある場合に記載します。

第3編　届出書・申請書の様式と記入すべき事項

第3-(2)号様式　　　　　　　　　　　　　　　　　　　　　　　　**特定期間用**

消 費 税 課 税 事 業 者 届 出 書

（収受印）			
令和　年　月　日	届	（フリガナ）	オオサカシ　チュウオウク　カワラマチ　○-○-○
		納 税 地	（〒 541 － 0048 ）　大阪市中央区瓦町○-○-○
			（電話番号　06　－　×× － ××　）
		（フリガナ）	オオサカシ　チュウオウク　カワラマチ　○-○-○
		住所又は居所（法人の場合）本店又は主たる事務所の所在地	（〒 541 － 0048 ）　大阪市中央区瓦町○-○-○
			（電話番号　06　－　×× － ××　）
	出	（フリガナ）	カブシキガイシャ　オオサカショウジ
		名称（屋号）	株式会社　大阪商事
		個人番号又は法人番号	↓ 個人番号の記載に当たっては、左端を空欄とし、ここから記載してください。 2 3 4 5 6 7 8 9 0 1 2 3 4
	者	（フリガナ）	サトウ　ジロウ
		氏　名（法人の場合）代表者氏名	佐藤　次郎　　　　　　　　印
＿＿＿東＿＿税務署長殿		（フリガナ）	オオサカシ　アサヒク　センバヤシ○-○-○
		（法人の場合）代表者住所	大阪市旭区千林○-○-○
			（電話番号　06　－　×× － ××　）

　下記のとおり、特定期間における課税売上高が1,000万円を超えることとなったので、消費税法第57条第1項第1号の規定により届出します。

適用開始課税期間	Ⓐ 自 平成・令和 2 年 1 月 1 日	至 平成・令和 2 年 12 月 31 日	
上記期間の特定期間	Ⓑ 自 平成・令和 31 年 1 月 1 日 至 平成・令和 1 年 6 月 30 日	左記期間の総売上高	13,894,235 円
		左記期間の課税売上高 Ⓒ	※13,582,561 円
		左記期間の給与等支払額	※10,200,000 円
事業内容等	生年月日（個人）又は設立年月日（法人）Ⓓ 1明治・2大正・3昭和・4平成・5令和 20 年 1 月 1 日	法人のみ記載	事業年度Ⓔ 自 1 月 1 日　至 12 月 31 日
			資 本 金Ⓕ 5,000,000 円
	事業内容 Ⓖ 人材派遣業		
参考事項 Ⓗ		税理士署名押印	印 （電話番号　－　－　）

※税務署処理欄	整理番号		部門番号				
	届出年月日	年　月　日	入力処理	年　月　日	台帳整理	年　月　日	
	番号確認	身元確認 □ 済 □ 未済	確認書類	個人番号カード／通知カード・運転免許証 その他（　　）			

注意　1．裏面の記載要領等に留意の上、記載してください。
　　　2．税務署処理欄は、記載しないでください。

―205―

【第3－(2) 号様式　消費税課税事業者届出書（特定期間用）】
⇒この届出書の解説は25-29ページを参照

A．「適用開始課税期間」欄には、納税義務が免除されないこととなる課税期間（課税事業者となる課税期間）の初日及び末日を記載します。

B．「上記期間の特定期間」欄には、「適用開始課税期間」欄の特定期間の初日及び末日を記載します。

C．「左記期間の総売上高」欄及び「左記期間の課税売上高」欄には、それぞれ特定期間に国内において行った「資産の譲渡等の対価の額の合計額」及び「課税資産の譲渡等の対価の額の合計額」を記載し、課税売上高に代えて給与等支払額の合計額により判定を行った場合は、「左記期間の給与等支払額」欄にその金額を記載します。

(注)「資産の譲渡等の対価の額の合計額」及び「課税資産の譲渡等の対価の額の合計額」は、いずれも消費税額及び地方消費税額を含まない金額をいいます。輸出取引に係る売上高を含み、売上げに係る対価の返還等の金額（税抜き）は含みません。

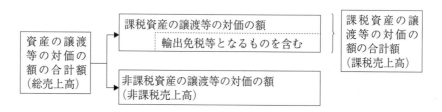

なお、それぞれの欄に記載すべき金額を算出している場合には、それぞれの欄に記載して下さい。

※　課税売上高及び給与等支払額がともに1,000万円超。

また、特定期間の属する課税期間において免税事業者であった場合には、その課税期間中の課税売上高（「左記期間の課税売上高」欄）に

は消費税及び地方消費税が課税されていませんので、税抜きの処理を行う必要はありません。

D. 「生年月日又は設立年月日」欄には、個人事業者は生年月日を、法人は設立年月日を記載します。

　　なお、元号は、該当する箇所に○を付します。

E. 「事業年度」欄には、法人の事業年度を記載します（個人事業者の方は不要です。）。

　　なお、事業年度が1年に満たない法人については、「適用開始課税期間」欄に記載した開始月日を含む事業年度の初日及び末日を記載します。

　　また、設立第1期目で事業年度が変則的なものとなる場合などは、通常時の事業年度を記載します。

F. 「資本金」欄には、資本金の額又は出資の金額を記載します（個人事業者の方は不要です。）。

G. 「事業内容」欄には、事業者の営む事業の具体的な内容を記載します。

H. 「参考事項」欄には、その他参考となる事項等がある場合に記載します。

One Point Advice!

　　個人事業者の特定期間は前年の1月1日から6月30日ですので、4月1日に開業した場合は4月1日から6月30日までの課税売上高で判定します。なお、7月1日以後に開業した個人事業者は特定期間が存在しないため判定が不要となります。

第10‐(2)号様式

消費税の新設法人に該当する旨の届出書

収受印

令和　年　月　日	届 出 者	（フリガナ）	オオサカシ　キタク　ウメダ　○‐○‐○
		納　税　地	（〒 530 ‐ 0001 ） 大阪市北区梅田○‐○‐○ （電話番号　06　－　××　－　××　）
		（フリガナ）	オオサカシ　キタク　ウメダ　○‐○‐○
		本 店 又 は 主たる事務所 の 所 在 地	（〒 530 ‐ 0001 ） 大阪市北区梅田○‐○‐○ （電話番号　06　－　××　－　××　）
		（フリガナ）	カブシキガイシャ　ウメダ　ウンユ　トランスポート
		名　　　称	株式会社　梅田運輸トランスポート
		法 人 番 号	3 4 5 6 7 8 9 0 1 2 3 4 5
		（フリガナ）	タナカ　イチロウ
		代表者氏名	田中　一郎　　　　　　　　　　　印
北　　税務署長殿		（フリガナ）	オオサカシ　ツルミク　ツルミ　○‐○‐○
		代表者住所	大阪市鶴見区鶴見○‐○‐○ （電話番号　06　－　××　－　××　）

　下記のとおり、消費税法第12条の2第1項の規定による新設法人に該当することとなったので、消費税法第57条第2項の規定により届出します。

| 消費税の新設法人に該当することとなった事業年度開始の日 | Ⓐ | 平成
令和 | 2 年 7 月 1 日 |
| 上記の日における資本金の額又は出資の金額 | Ⓑ | | ※10,000,000 円 |

事業内容等	設立年月日	Ⓒ	平成 令和　2 年 7 月 1 日
	事業年度	Ⓓ	自 7 月 1 日 至 6 月 30 日
	事業内容	Ⓔ	一般貨物自動車運送業

| 参 考 事 項 | Ⓕ | 「消費税課税期間特例選択・変更届出書」の提出の有無【有 （ ・ ・ ） ・ 無】 |

| 税理士署名押印 | 印 |
| | （電話番号　　　　　－　　　　－　　　　　） |

| ※
税
務
署
処
理
欄 | 整理番号 | | 部門番号 | | 番号確認 | |
| | 届出年月日 | 　年　　月　　日 | 入力処理 | 年　月　日 | 台帳整理 | 年　月　日 |

注意　1．裏面の記載要領等に留意の上、記載してください。
　　　2．税務署処理欄は、記載しないでください。

第3編　届出書・申請書の様式と記入すべき事項

【第10－(2)号様式　消費税の新設法人に該当する旨の届出書】
⇒この届出書の解説は30-32ページを参照

A．「消費税の新設法人に該当することとなった事業年度開始の日」欄
　　には、消費税の新設法人に該当することとなった事業年度の開始の日
　　を記載します。

　　　「新設法人」とは、次の①及び②に該当する法人をいい、消費税の
　　納税義務は免除されません。

　　①　その事業年度の基準期間がない法人

　　②　当該事業年度開始の日における資本金の額又は出資の金額が
　　　1,000万円以上である法人

B．「上記の日における資本金の額又は出資の金額」欄には、「消費税の
　　新設法人に該当することとなった事業年度開始の日」欄に記載した日
　　における資本金の額又は出資の金額（※1,000万円以上）を記載します。

C．「設立年月日」欄には、法人を設立した年月日を記載します。

D．「事業年度」欄には、法人の事業年度を記載します。

　　　なお、新規開業等の場合で設立第1期目の事業年度が変則的なもの
　　となる場合などは、通常時の事業年度を記載します。

E．「事業内容」欄には、法人の事業内容を具体的に記載します。

F．「参考事項」欄には、その他の参考となる事項等がある場合に記載
　　します。

One Point Advice!

　　消費税の新設法人に該当する法人については、基準期間のない課税期
　間（設立第1期目及び第2期目）においては納税義務の免除の規定の適

用はありませんが、基準期間の課税売上高を計算できる課税期間（設立第3期目）からは、原則として基準期間の課税売上高により納税義務の有無を判定することとなります。したがって、この届出書を提出した場合でも、設立第3期目以降において課税事業者となる場合又は課税事業者となることを選択しようとする場合には、改めて「消費税課税事業者届出書（第3-(1)、3-(2)号様式)」又は「消費税課税事業者選択届出書（第1号様式)」を提出する必要がありますので注意して下さい（消基通1-5-18)。

第3編　届出書・申請書の様式と記入すべき事項

第10‐(3)号様式

消費税の特定新規設立法人に該当する旨の届出書

			(フリガナ)	オオサカシ　ナニワク　ニホンバシ　○‐○‐○
令和　年　月　日	届出者	納　税　地		(〒 556 ‐ 0011) 大阪市浪速区日本橋○‐○‐○ (電話番号　06　‐××‐××　)
		(フリガナ)		カブシキガイシャ　ナニワケンセツコウギョウ
浪速　税務署長殿		名称及び 代表者氏名		株式会社　浪速建設工業 山田　一郎　　　　　　　　　印 (電話番号　06　‐××‐××　)
		法人番号		4 5 6 7 8 9 0 1 2 3 4 5 6

　下記のとおり、消費税法第12条の3第1項の規定による特定新規設立法人に該当することとなったので、消費税法第57条第2項の規定により届出します。

消費税の特定新規設立法人に該当することとなった事業年度開始の日	Ⓐ	平成 令和	1 年 10 月 1 日

事業内容等	設立年月日	Ⓑ	平成 令和	1 年 10 月 1 日
	事業年度	Ⓒ	自 10 月 1 日	至 9 月 30 日
	事業内容	Ⓓ	建築工事業	

特定新規設立法人の判定	イ 特定要件の判定	① 特定要件の判定の基礎となった他の者 Ⓔ	納税地等	㋑ 大阪市北区梅田○‐○‐○		
			氏名又は名称	㋺ 株式会社　○○建設		
		② 保有割合 ①の者が直接又は間接に保有する新規設立法人の発行済株式等の数又は金額 Ⓕ		80 株 (円)	③のうち、①の者が直接又は間接に保有する割合（②／③×100) Ⓗ 80 %	
		③ 新規設立法人の発行済株式等の総数又は総額 Ⓖ		100 株 (円)		
	ロ 基準期間に相当する期間の課税売上高 Ⓘ	納税地等		㋑ ※大阪市北区梅田○‐○‐○		
		氏名又は名称		㋺ ※株式会社　○○建設		
		基準期間に相当する期間		自 平成 令和 29 年 10 月 1 日 ～ 至 平成 令和 30 年 9 月 30 日		
		基準期間に相当する期間の課税売上高 ㊁			625,833,962 円	

　上記イ④の割合が50%を超え、かつ、ロの基準期間に相当する期間の課税売上高が5億円を超えている場合には、特定新規設立法人に該当しますので、この届出書の提出が必要となります。

参　考　事　項	Ⓙ 資本関係図は別添のとおりです

税理士署名押印	印 (電話番号　‐　‐　)

税務署処理欄	整理番号		部門番号		番号確認	
	届出年月日	年　月　日	入力処理	年　月　日	台帳整理	年　月　日

注意　1．裏面の記載要領等に留意の上、記載してください。
　　　2．税務署処理欄は、記載しないでください。

—211—

【第10－(3) 号様式　消費税の特定新規設立法人に該当する旨の届出書】

⇒この届出書の解説は33-34ページを参照

A．「消費税の特定新規設立法人に該当することとなった事業年度開始の日」欄には、消費税法第12条の３第１項に規定する特定新規設立法人に該当することとなった事業年度の開始の日を記載します。

B．「設立年月日」欄には、法人を設立した年月日を記載します。

C．「事業年度」欄には、法人の事業年度を記載します。

　　なお、新規開業等の場合で設立第１期目の事業年度が変則的なものとなる場合などは、通常時の事業年度を記載します。

D．「事業内容」欄には、法人の事業内容を具体的に記載します。

E．「特定要件の判定の基礎となった他の者」欄

　イ「納税地等」欄には、特定要件の判定の基礎となった他の者の納税地を記載します。

　　なお、特定要件の判定の基礎となった他の者が個人事業者以外の個人である場合には、住所又は居所を記載します。

　ロ「氏名又は名称」欄には、特定要件の判定の基礎となった他の者の氏名又は名称を記載します。

F．「①の者が直接又は間接に保有する新規設立法人の発行済株式等の数又は金額」欄には、特定要件の判定の基礎となった他の者が直接又は間接に保有する新規設立法人の発行済株式又は出資（新規設立法人が有する自己の株式又は出資を除きます。）の数又は金額を記載します。

G．「新規設立法人の発行済株式等の総数又は総額」欄には、新規設立法人の発行済株式又は出資（新規設立法人が有する自己の株式又は出資を除きます。）の総数又は総額を記載します。

—212—

H.「③のうち、①の者が直接又は間接に保有する割合（②／③）×
100」欄には、新規設立法人の発行済株式又は出資（新規設立法人が有
する自己の株式又は出資を除きます。）の総数又は総額のうち、特定要
件の判定の基礎となった他の者が直接又は間接に保有する割合を記載
します。

I.「基準期間に相当する期間の課税売上高」欄には、判定対象者のう
ち、当該新規設立法人の当該事業年度の基準期間に相当する期間にお
ける課税売上高が５億円を超えている者に関する事項を記載します。

　イ　「納税地等」欄には、判定対象者の納税地を記載します。

　ロ　「氏名又は名称」欄には、判定対象者の氏名又は名称を記載しま
す。

　ハ　「基準期間に相当する期間」欄には、判定対象者の当該新規設立
法人の当該事業年度の基準期間に相当する期間を記載します。

　ニ　「基準期間に相当する期間の課税売上高」欄には、判定対象者の
当該新規設立法人の当該事業年度の基準期間に相当する期間におけ
る課税売上高を記載します。

　　なお、当該新規設立法人の当該事業年度の基準期間に相当する期間
における課税売上高が５億円を超える判定対象者が、特定要件の判定
の基礎となった他の者である場合には、「納税地等」欄及び「氏名又
は名称」欄の記載は不要です。

　　※　この記載例ではⅠの欄の④回を記載していますが、Ｅと同じ場合は省略し
て下さい。

J.「参考事項」欄には、例えばこの届出書の「特定新規設立法人の判
定」欄のイ①の者とロの者が異なる場合のその関係等、その他参考と
なる事項がある場合には記載します。

―213―

第5-(2)号様式

高額特定資産の取得に係る課税事業者である旨の届出書

収受印				
令和　年　月　日	届出者	（フリガナ）	オオサカシ　チュウオウク　カワラマチ　○-○-○	
		納　税　地	（〒 541 - 0048 ） 大阪市中央区瓦町○-○-○ （電話番号 06 － ××－×× ）	
		（フリガナ）	カブシキガイシャ　オオサカショクヒン	
		氏 名 又 は 名 称 及 び 代表者氏名	株式会社　大阪食品 山本　五郎　　　　　　　　　　印	
東　税務署長殿		法 人 番 号	※ 個人の方は個人番号の記載は不要です。 5 6 7 8 9 0 1 2 3 4 5 6 7	

　下記のとおり、消費税法第12条の4第1項の規定の適用を受ける課税期間の基準期間の課税売上高が1,000万円以下となったので、消費税法第57条第1項第2号の2の規定により届出します。

届出者の行う 事 業 の 内 容	Ⓐ 食品製造加工業			
この届出の適用 対象課税期間	※消費税法第12条の4第1項の規定が適用される課税期間で基準期間の課税売上高が1,000万円以下となった課税期間を記載してください。 Ⓑ 自 平成・令和 2 年 1 月 1 日　　至 平成・令和 2 年 12 月 31 日			
上記課税期間の 基 準 期 間	Ⓒ 自 平成・令和 30 年 1 月 1 日 至 平成・令和 30 年 12 月 31 日	左記期間の 課税売上高 Ⓓ	円 9,875,236	
Ⓔ 該当する資産の 区 分 等 ［該当する資産の区分に応じて記載してください。］	☑ ①高額特定資産 （②に該当するものを除く）	高額特定資産の仕入れ等の日 平成・令和 1 年 5 月 10 日	高額特定資産の内容 食料品製造用機械	
	☐ ②自己建設高額特定資産	自己建設高額特定資産の仕入れ等を行った場合に該当することとなった日 平成・令和　年　月　日		
		建設等の完了予定時期 平成・令和　年　月　日	自己建設高額特定資産の内容	
参 考 事 項 Ⓕ				
税理士署名押印		印 （電話番号　　－　　－　　）		

※税務署処理欄	整理番号		部門番号		番号確認		
	届出年月日	年　月　日	入力処理	年　月　日	台帳整理	年　月　日	

注意　1．裏面の記載要領等に留意の上、記載してください。
　　　2．税務署処理欄は、記載しないでください。

第3編　届出書・申請書の様式と記入すべき事項

【第5－(2) 号様式　高額特定資産の取得に係る課税事業者である旨の届出書】

⇒この届出書の解説は35-37ページを参照

A.「届出者の行う事業の内容」欄には、届出者が行う事業の内容を記載します。

B.「この届出の適用対象課税期間」欄には、高額特定資産の仕入れ等を行った場合に、消費税法第12条の4第1項の規定の適用により納税義務が免除されない課税期間で、当該課税期間の基準期間の課税売上高が1,000万円以下となった場合に、その基準期間の課税売上高が1,000万円以下となった課税期間の初日及び末日を記載します。

C.「上記課税期間の基準期間」欄には、Bの「この届出の適用対象課税期間」欄に記載した課税期間の基準期間の初日及び末日を記載します。

D.「左記期間の課税売上高」欄には、Cの「上記課税期間の基準期間」欄に記載した課税期間における課税資産の譲渡等の対価の額の合計額を記載します。

　(注)「課税資産の譲渡等の対価の額の合計額」は、消費税額及び地方消費税額を含まない金額をいいます。また、輸出取引に係る売上高を含み、売上げに係る対価の返還等の金額（税抜き）を含みません。

E.「該当する資産の区分等」欄には、高額特定資産又は自己建設高額特定資産の区分に応じ、それぞれの次により記載します。

　イ　「高額特定資産」欄

　　①　「高額特定資産の仕入れ等の日」欄には、高額特定資産の仕入れ等を行った日を記載します。

　　②　「高額特定資産の内容」欄には、棚卸資産又は調整対象固定資

—215—

産の別及び具体的な資産の内容を記載します。

ロ　「自己建設高額特定資産」欄

①　「自己建設高額特定資産の仕入れ等を行った場合に該当することとなった日」欄には、自己建設高額特定資産について、当該資産の建設等に要した仕入れ等の対価の額の累計額が1,000万円以上となった日を記載します。

②　「建設等の完了予定時期」欄には、自己建設高額特定資産の建設等が完了する予定時期を記載します。

③　「自己建設高額特定資産の内容」欄には、棚卸資産又は調整対象固定資産の別及び具体的な資産の内容を記載します。

F．「参考事項」欄には、その他参考となる事項等がある場合に記載します。

第3編　届出書・申請書の様式と記入すべき事項

第5号様式

消費税の納税義務者でなくなった旨の届出書

収受印

令和　　年　　月　　日	届出者	（フリガナ）	オオサカシ　チュウオウク　カワラマチ　〇-〇-〇
		納税地	（〒 541 － 0048 ） 大阪市中央区瓦町〇-〇-〇 （電話番号　06　－　××　－　×× ）
		（フリガナ）	カブシキガイシャ　オオサカショウジ
		氏名又は 名称及び 代表者氏名	株式会社　大阪商事 佐藤　次郎　　　　　　　　　　　　　　　　印
＿＿＿東＿＿税務署長殿		個人番号 又は 法人番号	↓ 個人番号の記載に当たっては、左端を空欄とし、ここから記載してください。 　2 3 4 5 6 7 8 9 0 1 2 3 4

下記のとおり、納税義務がなくなりましたので、消費税法第57条第1項第2号の規定により届出します。

①	この届出の適用 開始課税期間	Ⓐ	自 平成/令和 2 年 7 月 1 日　　至 平成/令和 3 年 6 月 30 日
②	①の基準期間	Ⓑ	自 平成/令和 30 年 7 月 1 日　　至 平成/令和 1 年 6 月 30 日
③	②の課税売上高	Ⓒ	※8,689,655 円

※1　この届出書を提出した場合であっても、特定期間（原則として、①の課税期間の前年の1月1日（法人の場合は前事業年度開始の日）から6か月間）の課税売上高が1千万円を超える場合には、①の課税期間の納税義務は免除されないこととなります。
　2　高額特定資産の仕入れ等を行った場合に、消費税法第12条の4第1項の適用がある課税期間については、当該課税期間の基準期間の課税売上高が1千万円以下となった場合であっても、その課税期間の納税義務は免除されないこととなります。
（詳しくは、裏面をご覧ください。）

納税義務者と な っ た 日	Ⓓ	平成/令和 20 年 7 月 1 日
参 考 事 項	Ⓔ	
税理士署名押印		印 （電話番号　　－　　－　　）

※税務署処理欄	整理番号		部門番号					
	届出年月日	年　月　日	入力処理	年　月　日		台帳整理	年　月　日	
	番号確認	身元確認 □ 済 　　　　□ 未済	確認書類	個人番号カード／通知カード・運転免許証 その他（　　　　　　　）				

注意　1．裏面の記載要領等に留意の上、記載してください。
　　　2．税務署処理欄は、記載しないでください。

—217—

【第5号様式　消費税の納税義務者でなくなった旨の届出書】

⇒この届出書の解説は38-39ページを参照

A.「この届出の適用開始課税期間」欄には、納税義務が免除されることとなる課税期間（免税事業者となる課税期間）の初日及び末日を記載します。

B.「①の基準期間」欄には、「この届出の適用開始課税期間」欄に記載した課税期間の基準期間の初日及び末日を記載します。

C.「②の課税売上高」欄には、基準期間における課税資産の譲渡等の対価の額の合計額を記載します。

(注)「課税資産の譲渡等の対価の額の合計額」は、消費税額及び地方消費税額を含まない金額をいいます。輸出取引に係る売上高を含み、売上げに係る対価の返還等の金額（税抜き）は含みません。

課税資産の譲渡等の対価の額
輸出免税等となるものを含む

⎫ 課税資産の譲渡等の対価の額の合計額※（課税売上高） ⟵ この金額が 1,000万円以下

D.「納税義務者となった日」欄には、先に提出した「消費税課税事業者届出書」の「適用開始課税期間」欄の初日を記載します。

E.「参考事項」欄には、その他の参考となる事項等がある場合に記載します。

—218—

第3編　届出書・申請書の様式と記入すべき事項

第1号様式

消費税課税事業者選択届出書

収受印

令和　年　月　日	届	（フリガナ）	トウキョウト　チヨダク　カスミガセキ　〇-〇-〇
		納　税　地	（〒 100 － 0013 ） 東京都千代田区霞が関〇-〇-〇 （電話番号　03　－　×× － ×× ）
		（フリガナ）	トウキョウト　チヨダク　カスミガセキ　〇-〇-〇
	出	住所又は居所 （法人の場合） 本店又は 主たる事務所 の所在地	（〒 100 － 0013 ） 東京都千代田区霞が関〇-〇-〇 （電話番号　03　－　×× － ×× ）
		（フリガナ）	カブシキガイシャ　トウキョウショウジ
	者	名称（屋号）	株式会社　東京商事
		個人番号 又は 法人番号	↓ 個人番号の記載に当たっては、左端を空欄とし、ここから記載してください。 1 2 3 4 5 6 7 8 9 0 1 2 3
		（フリガナ）	スズキ　タロウ
		氏　名 （法人の場合） 代表者氏名	鈴木　太郎　　　　　　　　　　印
麹町　税務署長殿		（フリガナ）	トウキョウト　スギナミク　オオミヤ〇-〇-〇
		（法人の場合） 代表者住所	東京都杉並区大宮〇-〇-〇 （電話番号　03　－　×× － ×× ）

　下記のとおり、納税義務の免除の規定の適用を受けないことについて、消費税法第9条第4項の規定により届出します。

適用開始課税期間	Ⓐ自	平成 令和	2 年 4 月 1 日	至	平成 令和	3 年 3 月 31 日
上記期間の	自	平成 令和 30 年 4 月 1 日	左記期間の 総売上高	Ⓒ		9,937,579 円
基準期間	Ⓑ至	平成 令和 31 年 3 月 31 日	左記期間の 課税売上高			9,826,426 円

事業内容等	生年月日（個人）又は設立年月日（法人）	1明治・2大正・3昭和・4平成・5令和 Ⓓ　23 年 5 月 10 日	法人のみ記載	事業年度Ⓔ自 4 月 1 日 至 3 月 31 日
				資本金 Ⓕ　　　　5,000,000 円
	事業内容	Ⓖ 日用雑貨の輸出販売業	届出区分	事業開始・設立・相続・合併・分割・特別会計・その他

| 参考事項 | Ⓘ | | 税理士
署名
押印 | 　　　　　　　　　印
（電話番号　　　－　　　－　　　） |

※税務署処理欄	整理番号			部門番号			
	届出年月日	年　月　日	入力処理	年　月　日	台帳整理	年　月　日
	通信日付印 年　月　日	確認印	番号 確認	身元 確認	□ 済 □ 未済	確認 書類	個人番号カード／通知カード・運転免許証 その他（　　　　　　　　）

注意　1．裏面の記載要領等に留意の上、記載してください。
　　　2．税務署処理欄は、記載しないでください。

—219—

【第1号様式　消費税課税事業者選択届出書】
⇒この届出書の解説は40-44ページを参照

A. 「適用開始課税期間」欄には、納税義務が免除されないこととなる課税期間（課税事業者を選択する課税期間）の初日及び末日を記載します。

B. 「上記期間の基準期間」欄には、適用開始課税期間の基準期間の初日及び末日を記載します。

C. 「左記期間の総売上高」欄及び「左記期間の課税売上高」欄には、それぞれ基準期間に国内において行った資産の譲渡等の対価の額の合計額及び課税資産の譲渡等の対価の額の合計額を記載します。

(**注**)「資産の譲渡等の対価の額の合計額」及び「課税資産の譲渡等の対価の額の合計額」は、いずれも消費税額及び地方消費税額を含まない金額をいいます。輸出取引に係る売上高を含み、売上げに係る対価の返還等の金額（税抜き）は含みません。

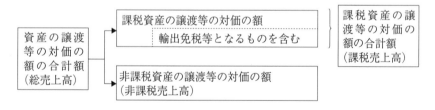

なお、基準期間が1年に満たない法人については、その期間中の資産の譲渡等の対価の額の合計額及び課税資産の譲渡等の対価の額の合計額をその期間の月数で除し、これを12倍した金額を記載して下さい。

また、基準期間において免税事業者であった場合には、その課税期間中の課税売上高（「左記期間の課税売上高」欄）には、消費税及び地方消費税が課税されていませんので、税抜きの処理を行う必要はあり

ません。

D．「生年月日（個人）又は設立年月日（法人）」欄には、個人事業者は生年月日を、法人は設立年月日を記載します。

なお、元号は該当する箇所に〇を付します。

E．「事業年度」欄には、法人の事業年度を記載します（個人事業者は不要です。）。

なお、事業年度が１年に満たない法人については、「適用開始課税期間」欄に記載した開始年月日を含む事業年度の初日及び末日を記載します。

また、設立第１期目で事業年度が変則的なものとなる場合などは、通常時の事業年度を記載します。

F．「資本金」欄には、資本金の額又は出資の金額を記載します（個人事業者は不要です。）。

G．「事業内容」欄には、事業者の営む事業の具体的な内容を記載します。

H．「届出区分」欄には、届出の事情に該当する項目に〇を付します。

I．「参考事項」欄には、その他の参考となる事項等がある場合に記載します。

第2号様式

消費税課税事業者選択不適用届出書

収受印

令和　　年　　月　　日	届	納　税　地	（フリガナ）	オオサカシ　チュウオウク　カワラマチ　○-○-○
				（〒 541 － 0048 ）
				大阪市中央区瓦町○-○-○
				（電話番号　06 － ×× － ×× ）
	出	氏名又は名称及び代表者氏名	（フリガナ）	カブシキガイシャ　オオサカショウジ
				株式会社　大阪商事
				佐藤　次郎　　　　　　　　　　　印
東　　税務署長殿	者	個人番号又は法人番号	↓ 個人番号の記載に当たっては、左端を空欄とし、ここから記載してください。	2　3　4　5　6　7　8　9　0　1　2　3　4

　下記のとおり、課税事業者を選択することをやめたいので、消費税法第9条第5項の規定により届出します。

①	この届出の適用開始課税期間	Ⓐ	自 平成・令和 2 年 4 月 1 日	至 平成・令和 3 年 3 月 31 日
②	①の基準期間	Ⓑ	自 平成・令和 30 年 4 月 1 日	至 平成・令和 31 年 3 月 31 日
③	②の課税売上高	Ⓒ		8,925,361 円

※ この届出書を提出した場合であっても、特定期間（原則として、①の課税期間の前年の1月1日（法人の場合は前事業年度開始の日）から6か月間）の課税売上高が1千万円を超える場合には、①の課税期間の納税義務は免除されないこととなります。詳しくは、裏面をご覧ください。

課税事業者となった日	Ⓓ	平成・令和 24 年 4 月 1 日
事業を廃止した場合の廃止した日	Ⓔ	平成・令和 　年 　月 　日
提出要件の確認		課税事業者となった日から2年を経過する日までの間に開始した各課税期間中に調整対象固定資産の課税仕入れ等を行っていない。　　Ⓕはい　☑
		※ この届出書を提出した課税期間が、課税事業者となった日から2年を経過する日までに開始した各課税期間である場合、この届出書提出後、届出を行った課税期間中に調整対象固定資産の課税仕入れ等を行うと、原則としてこの届出書の提出はなかったものとみなされます。詳しくは、裏面をご確認ください。
参　考　事　項	Ⓖ	
税理士署名押印		印 （電話番号　　－　　　－　　　）

※税務署処理欄	整理番号			部門番号				
	届出年月日	年　　月　　日	入力処理	年　　月　　日	台帳整理		年　　月　　日	
	通信日付印 確認印	年　　月　　日	番号確認		身元確認	□ 済 □ 未済	確認書類	個人番号カード／通知カード・運転免許証 その他（　　　　　）

注意　1．裏面の記載要領等に留意の上、記載してください。
　　　2．税務署処理欄は、記載しないでください。

—222—

第3編　届出書・申請書の様式と記入すべき事項

【第2号様式　消費税課税事業者選択不適用届出書】

⇒この届出書の解説は45-46ページを参照

A.「この届出の適用開始課税期間」欄には、課税選択をやめようとする課税期間（免税事業者となる課税期間）の初日及び末日を記載します。

B.「①の基準期間」欄には、「この届出の適用開始課税期間」欄に記載した課税期間の基準期間についてその初日及び末日を記載します。

C.「②の課税売上高」欄には、基準期間における「課税資産の譲渡等の対価の額の合計額」を記載します。

(注)「課税資産の譲渡等の対価の額の合計額」は、消費税額及び地方消費税額を含まない金額をいいます。輸出取引に係る売上高を含み、売上げに係る対価の返還等の金額（税抜き）は含みません。

```
課税資産の譲渡等の対価の額              ┐   課税資産の譲
┌─────────────────────┐ ├─ 渡等の対価の
│   輸出免税等となるものを含む   │ │   額の合計額
└─────────────────────┘ ┘   （課税売上高）
```

　なお、基準期間が1年に満たない法人については、その期間中の課税資産の譲渡等の対価の額の合計額をその期間の月数で除し、これを12倍した金額を記載して下さい。

D.「課税事業者となった日」欄には、先に提出した「消費税課税事業者選択届出書」の効力が生じた日、すなわち、同届出書の「適用開始課税期間」欄の初日を記載します。

E.「事業を廃止した場合の廃止した日」欄には、事業を廃止した場合のその廃止年月日を記載します。

F.「提出要件の確認」欄には、課税事業者となった日から2年を経過する日までの間に開始した各課税期間中に調整対象固定資産の課税仕入れ等を行っていると、当該届出書の提出が可能となる日が通常の場

—223—

合と異なることとなりますので注意が必要です。

　また、「はい」の横のチェックマークの記載がされていない場合は、届出がなかったものとなる可能性があります。

　そこで、その各課税期間中に調整対象固定資産の課税仕入れ等がないことを確認し、なければ✓点を付します。

G. 「参考事項」欄には、その他の参考となる事項等がある場合に記載します。

第3編　届出書・申請書の様式と記入すべき事項

第33号様式

消 費 税 課 税 事 業 者 選 択 （ 不 適 用 ）
届 出 に 係 る 特 例 承 認 申 請 書

2通提出

※ 個人番号又は法人番号は、税務署提出用2通の内1通のみに記載してください。

収受印	令和　年　月　日	申 請 者	（フリガナ）　オオサカシ　チュウオウク　カワラマチ　○-○-○
		納　税　地	（〒 541 － 0048 ） 大阪市中央区瓦町○-○-○ （電話番号　06 － ×× － ×× ）
		（フリガナ）　カブシキガイシャ　チュウオウハンテン	
	東　　税務署長殿	氏 名 又 は 名 称 及 び 代 表 者 氏 名	株式会社中央飯店 佐藤　三郎　　　　　　　　　　　印
		個 人 番 号 又 は 法 人 番 号	↓ 個人番号の記載に当たっては、左端を空欄とし、ここから記載してください。 6　7　8　9　0　1　2　3　4　5　6　7　8

下記のとおり、消費税法施行令第20条の2第1項又は第2項に規定する届出に係る特例の承認を受けたいので申請します。

届出日の特例の承認を受けようとする届出書の種類 Ⓐ	☐ ① 消費税課税事業者選択届出書 ☑ ② 消費税課税事業者選択不適用届出書 【届出書提出年月日 ： ~~平成~~ <u>令和</u> 3 年 5 月 15 日 】
特例規定の適用を受けようとする（受けることをやめようとする）課税期間の初日及び末日 Ⓑ	自 ~~平成~~ <u>令和</u> 3 年 4 月 1 日　　至 平成 令和　　年　　月　　日 （②の届出の場合は初日のみ記載します。）
上記課税期間の基準期間における課税売上高 Ⓒ	9,652,842 円
上記課税期間の初日の前日までに提出できなかった事情 Ⓓ	代表者が交通事故で意識不明の重体となり、提出の意思確認ができなかったため。

※ ②の届出書を提出した場合であっても、特定期間（原則として、上記課税期間の前年の1月1日（法人の場合は前事業年度開始の日）から6か月間）の課税売上高が1千万円を超える場合には、上記課税期間の納税義務は免除されないこととなります。詳しくは、裏面をご覧ください。

事 業 内 容 等 Ⓔ	飲食店業	税理士	印
参 考 事 項 Ⓕ	5 月 10 日に退院	署名押印	（電話番号　　-　　-　　）

※ 上記の申請について、消費税法施行令第20条の2第1項又は第2項の規定により、上記の届出書が特例規定の適用を受けようとする（受けることをやめようとする）課税期間の初日の前日（ 平成
令和　　年　　月　　日）に提出されたものとすることを承認します。

　　　　　第　　　　　号

令和　　年　　月　　日　　　　　　　　税 務 署 長　　　　　　　　印

※税務署処理欄	整理番号		部門番号		みなし届出年月日		年　月　日
	申請年月日	年　月　日	入力処理	年　月　日	台帳整理		年　月　日
	番号 確認	身元 確認	☐ 済 ☐ 未済	確認 書類	個人番号カード／通知カード・運転免許証 その他（　　）		

注意　1．この申請書は、2通提出してください。
　　　2．※印欄は、記載しないでください。

【第33号様式　消費税課税事業者選択（不適用）届出に係る特例承認申請書】

⇒この申請書の解説は47-48ページを参照

A. 「届出日の特例の承認を受けようとする届出書の種類」欄には、この申請書により届出日の特例承認を受けようとする届出書を記載します（該当する届出書の□に✓を付します。）。

B. 「特例規定の適用を受けようとする（受けることをやめようとする）課税期間の初日及び末日」欄には、この申請により届出日の特例承認を受けたとした場合に、上記Aの届出書の効力が発生することとなる課税期間の初日及び末日を記載します。

　なお、Aの届出書の種類が「消費税課税事業者選択不適用届出書（第2号様式）」である場合には、初日のみ記載します。

C. 「上記課税期間の基準期間における課税売上高」欄には、Bの基準期間における「課税資産の譲渡等の対価の額の合計額」を記載します。

(注)「課税資産の譲渡等の対価の額の合計額」は、消費税額及び地方消費税額を含まない金額をいいます。輸出取引に係る売上高を含み、売上げに係る対価の返還等の金額（税抜き）は含みません。

課税資産の譲渡等の対価の額	課税資産の譲渡等の対価の額の合計額（課税売上高）
輸出免税等となるものを含む	

　なお、基準期間が1年に満たない法人については、その期間中の課税資産の譲渡等の対価の額の合計額をその期間の月数で除し、これを12倍した金額を記載して下さい。

D. 「上記課税期間の初日の前日までに提出できなかった事情」欄には、課税期間の初日の前日までに提出できなかった事情を具体的に記載します。

第3編　届出書・申請書の様式と記入すべき事項

　　なお、当該欄に記載しきれない場合には、適宜な用紙に記載し、添

　付することになります（以下、D. 及びE. についても同じ）。

E. 「事業内容等」欄には、営む事業の内容を具体的に記載します。

F. 「参考事項」欄には、その他参考となる事項等を記載します。

第1号様式

消 費 税 簡 易 課 税 制 度 選 択 届 出 書

収受印

※この届出書を所得税法等の一部を改正しようとする場合には、令和元年七月一日以後提出することができます。		令和　年　月　日	届出者	（フリガナ）	オオサカシ　ナニワク　ニホンバシ　○-○-○
				納税地	（〒 556 － 0011 ）大阪市浪速区日本橋○-○-○（電話番号　06 － ×× － ×× ）
				（フリガナ）	カブシキガイシャ　ナニワショクヒンコウギョウ
				氏名又は名称及び代表者氏名	株式会社　浪速食品工業　　山田　一郎　　　　　印
		浪速　税務署長殿		法人番号	※個人の方は個人番号の記載は不要です。　4 5 6 7 8 9 0 1 2 3 4 5 6

下記のとおり、消費税法第37条第1項に規定する簡易課税制度の適用を受けたいので、届出します。

☑ 所得税法等の一部を改正する法律（平成28年法律第15号）附則第40条第1項の規定により消費税法第37条第1項に規定する簡易課税制度の適用を受けたいので、届出します。

① 適 用 開 始 課 税 期 間	Ⓐ	自 ~~平成~~ 令和 1 年 10 月 1 日	至 ~~平成~~ 令和 2 年 9 月 30 日		
② ① の 基 準 期 間	Ⓑ	自 ~~平成~~ 令和 29 年 10 月 1 日	至 ~~平成~~ 令和 30 年 9 月 30 日		
③ ② の 課 税 売 上 高	Ⓒ		42,356,112 円		

事 業 内 容 等	Ⓓ	（事業の内容）　食品卸売業	（事業区分）　第 1 種事業	Ⓔ

提 出 要 件 の 確 認	次のイ、ロ又はハの場合に該当する（「はい」の場合のみ、イ、ロ又はハの項目を記載してください。）		Ⓕ	はい □	いいえ ☑
	イ	消費税法第9条第4項の規定により課税事業者を選択している場合	課税事業者となった日	~~平成~~ 令和　年　月　日	
			課税事業者となった日から2年を経過する日までの間に開始した各課税期間中に調整対象固定資産の課税仕入れ等を行っていない	Ⓖ	はい ☑
	ロ	消費税法第12条の2第1項に規定する「新設法人」又は同法第12条の3第1項に規定する「特定新規設立法人」に該当する（該当していた）場合	設立年月日	~~平成~~ 令和　年　月　日	
			基準期間がない事業年度に含まれる各課税期間中に調整対象固定資産の課税仕入れ等を行っていない	Ⓗ	はい □
	ハ	消費税法第12条の4第1項に規定する「高額特定資産の仕入れ等」を行っている場合	A	仕入れ等を行った課税期間の初日	~~平成~~ 令和　年　月　日
				この届出による①の「適用開始課税期間」は、高額特定資産の仕入れ等を行った課税期間の初日から、同日以後3年を経過する日の属する課税期間までの各課税期間に該当しない	はい □
			B	仕入れ等を行った課税期間の初日	~~平成~~ 令和　年　月　日
		（仕入れ等を行った資産が高額特定資産に該当する場合はAの欄を、自己建設高額特定資産に該当する場合は、Bの欄をそれぞれ記載してください。）		建設等が完了した課税期間の初日	~~平成~~ 令和　年　月　日
				この届出による①の「適用開始課税期間」は、自己建設高額特定資産の建設等に要した仕入れ等に係る支払対価の額の累計額が1千万円以上となった課税期間の初日から、自己建設高額特定資産の建設等が完了した課税期間の初日以後3年を経過する日の属する課税期間までの各課税期間に該当しない	はい □
	※ この届出書を提出した課税期間が、上記イ、ロ又はハに記載の各課税期間である場合、この届出書提出後、届出を行った課税期間中に調整対象固定資産の課税仕入れ等又は高額特定資産の仕入れ等を行うと、原則としてこの届出書の提出はなかったものとみなされます。詳しくは、裏面をご確認ください。				
所得税法等の一部を改正する法律（平成28年法律第15号）（平成28年改正法）附則第40条第1項の規定による場合	次のニ又はホのうち、いずれも該当する項目を記載してください。				
	ニ	平成28年改正法附則第40条第1項に規定する「困難な事情のある事業者」に該当する（ただし、上記イ又はロに記載の各課税期間中に調整対象固定資産の課税仕入れ等を行っている場合又はこの届出書を提出した日を含む課税期間がハに記載の各課税期間に該当する場合には、次の「ホ」により判定します。）			はい ☑
	ホ	平成28年改正法附則第40条第2項に規定する「著しく困難な事情があるとき」に該当する（該当する場合は、以下に「著しく困難な事情」を記載してください。）			はい □

参 考 事 項	Ⓘ	
税 理 士 署 名 押 印		印　（電話番号　　　－　　　－　　　）

※税務署処理欄	整理番号		部門番号			
	届出年月日	年　月　日	入力処理	年　月　日	台帳整理	年　月　日
	通信日付印　年　月　日	確認印	番号確認			

注意　1．裏面の記載要領等に留意の上、記載してください。
　　　2．税務署処理欄は、記載しないでください。

—228—

第3編　届出書・申請書の様式と記入すべき事項

【第1号様式　消費税簡易課税制度選択届出書】
（従前の第24号様式）

⇒この届出書の解説は49-52ページを参照

(注意点) (1)　この様式の届出者の番号欄は、法人の場合のみ記載して下さい。
　　　　　　　届出者が個人の場合は、個人番号（マイナンバー）の記載は不要です。

(2)　経過措置により簡易課税制度の適用を受けようとする場合には、「所
　　得税法等の一部を改正する法律附則第40条第1項の規定により簡易課
　　税制度の適用を受けたいので、届出します。」にチェックします。

A.「適用開始課税期間」欄には、この届出書を提出することにより簡
易課税の適用を受けようとする、最初の課税期間の初日と末日を記入
します。

B.「①の基準期間」欄には、「適用開始課税期間」として記入した課税
期間の基準期間に当たる期間の初日と末日を記入します。

C.「②の課税売上高」欄には、「①の基準期間」として記入した基準期
間の課税売上高の金額を記入します。

　なお、基準期間が1年に満たない法人については、その期間中の課
税資産の譲渡等の対価の額の合計額をその期間の月数で除し、これを
12倍した金額を記載して下さい。

(注)「課税資産の譲渡等の対価の額の合計額」は、消費税額及び地方消費税額を
含まない金額をいいます。輸出取引に係る売上高を含み、売上げに係る対価
の返還等の金額（税抜き）は含みません。

課税資産の譲渡等の対価の額	課税資産の譲渡等の対価の額の合計額（課税売上高）
輸出免税等となるものを含む	

D.「事業内容等」（事業の内容）欄には、事業者の営む事業の具体的な
内容を記入します。

E.「事業の内容等」（事業区分）欄には、事業者の営む事業が簡易課税

制度における第一種事業から第六種事業まで（消法37①、消令57①⑤⑥）のどの事業に該当するかを記入します（One Point Advice 参照）。

F.「提出要件の確認」欄の該当の有無については、下記のいずれかに該当する場合は「はい」にチェックし、該当しない場合は「いいえ」にチェックします。

　（ア）本来は免税事業者であるが「消費税課税事業者選択届出書」を提出して課税事業者を選択している事業者

　（イ）基準期間がない法人のうち、資本金又は出資金が1,000万円以上で「新設法人」に該当する法人及び過去に該当していた法人

　（ウ）基準期間がない法人のうち、「特定新規設立法人」に該当する法人及び過去に該当していた法人

G.「提出要件の確認」欄のイ欄の課税事業者選択事業者については、上記（ア）に該当する場合、課税事業者となった年月日を記入するとともに、調整対象固定資産の規制に該当しないことを確認し、「はい」にチェックします。

H.「提出要件の確認」欄のロ（新設法人・特定新規設立法人）については、上記 F. の（イ）又は（ウ）に該当する場合、法人を設立した年月日を記入するとともに、調整対象固定資産の規制に該当しないことを確認し、「はい」にチェックします。

I.「参考事項」欄には、その他の参考となる事項等があれば記入します。

One Point Advice! (1)

簡易課税制度のみなし仕入率の見直し

【改正の概要】　簡易課税制度のみなし仕入率が、平成30年度改正で次のとおり改正されました。

第3編　届出書・申請書の様式と記入すべき事項

・改正前は、農林水産業は第三種事業に区分され、みなし仕入率は70％が適用されていました。

・改正後は、農林水産業のうち軽減税率が適用される食用の農林水産物を生産する事業を、第二種事業に区分し、みなし仕入率は80％が適用されます。

　なお、軽減税率が適用されない非食用の農林水産物を生産する事業は、従前と同じく第三種事業に区分され、みなし仕入率は70％が適用されます。

【適用開始時期】　令和元年10月1日を含む課税期間から適用されます。

　なお、令和元年9月30日までは、従前どおりのため、例えば、平成31年4月1日～令和2年3月31日の課税期間分の申告については、「食用の農林水産物」の売上高を期間別に区分して、異なるみなし仕入率（上半期は70％、下半期は80％）を適用することになります。

事業の種類		みなし仕入率 【改正後】
卸　売　業	購入した商品を性質、形状を変更しないで、他の事業者に販売する事業をいいます。	90％ （第一種）
小　売　業	購入した商品を性質、形状を変更しないで、消費者に販売する事業をいいます。 　なお、製造小売業は第三種事業になります。	80％ （第二種）
農林水産業 （食用）	軽減税率が適用される食用の農林水産物を生産する事業は、第二種事業になります。	80％ （第二種）
農林水産業 （非食用）	軽減税率が適用されない非食用の農林水産物を生産する事業は、第三種事業になります。	70％ （第三種）

製 造 業 等	鉱業、採石業、砂利採取業、建設業、製造業、製造小売業、電気業、ガス業、熱供給業、水道業をいいます。 なお、加工賃等の料金を受け取って役務を提供する事業は第四種事業になります。	70% （第三種）
その他事業	飲食店業、その他の事業	60% （第四種）
	金融業及び保険業	50% （第五種）
サービス業等	運輸通信業、サービス業（飲食店業を除く）	50% （第五種）
	不動産業	40% （第六種）

One Point Advice! (2)

　この届出書の効力は、原則として、提出した日の属する課税期間の翌課税期間から生じます。したがって、簡易課税制度の適用を受けようとする課税期間の初日の前日までに提出しなければならないことになります。ただし、以下のケースは提出した日の属する課税期間から適用できます。

（ケース1）新規開業した事業者は、その開業した課税期間の末日までにこの届出書を提出すれば、開業した日の属する課税期間から簡易課税制度の適用を受けることができます。

（ケース2）令和元年10月1日から令和2年9月30日までの日の属する課税期間において、課税仕入れ等を税率ごとに区分して合計することにつき困難な事情がある事業者は、経過措置として、簡易課税制度の適用を受けようとする課税期間の末日までにこの届出書を提出すれば、届出書を提出した課税期間から簡易課税制度の適用を受けることができます（平成28年改正法附則40①）。

第３編　届出書・申請書の様式と記入すべき事項

第25号様式

消費税簡易課税制度選択不適用届出書

収受印				
令和　年　月　日	届出者	（フリガナ）	トウキョウト　チヨダク　カスミガセキ　○-○-○	
		納　税　地	（〒 100 － 0013 ） 東京都千代田区霞が関○-○-○ （電話番号　03　－××－××）	
		（フリガナ）	カブシキガイシャ　トウキョウショウジ	
		氏 名 又 は 名 称 及 び 代表者氏名	株式会社　東京商事 　鈴木　太郎　　　　　　　　　　　　　印	
麹町 税務署長殿		法 人 番 号	※ 個人の方は個人番号の記載は不要です。 1 2 3 4 5 6 7 8 9 0 1 2 3	

下記のとおり、簡易課税制度をやめたいので、消費税法第37条第５項の規定により届出します。

①	この届出の適用 開始課税期間	Ⓐ	自 平成·令和 2 年 4 月 1 日	至 平成·令和 3 年 3 月 31 日
②	①の基準期間	Ⓑ	自 平成·令和 30 年 4 月 1 日	至 平成·令和 31 年 3 月 31 日
③	②の課税売上高	Ⓒ		47,523,862 円
	簡易課税制度の 適用開始日	Ⓓ	平成·令和 22 年 4 月 1 日	
	事業を廃止した 場合の廃止した日	Ⓔ	平成·令和　　年　　月　　日 個 人 番 号 ※ 事業を廃止した場合には記載 してください。	
	参 考 事 項	Ⓕ		
	税理士署名押印		印 （電話番号　　　－　　　－　　　）	

※ 税 務 署 処 理 欄	整理番号		部門番号					
	届出年月日	年　　月　　日	入力処理	年　　月　　日	台帳整理	年　　月　　日		
	通信日付印 年　月　日	確認印	番号 確認	身元 確認	□ 済 □ 未済	確認 書類	個人番号カード／通知カード・運転免許証 その他（　　　　　　　　　　）	

注意　1．裏面の記載要領等に留意の上、記載してください。
　　　2．税務署処理欄は、記載しないでください。

—233—

【第25号様式　消費税簡易課税制度選択不適用届出書】

⇒この届出書の解説は53-54ページを参照

(注意点) この様式の届出者の番号欄は、法人の場合のみ記載して下さい。
届出者が個人の場合は、個人番号（マイナンバー）の記載は不要です。

A. 「この届出の適用開始課税期間」欄には、この届出書を提出することにより簡易課税の適用を受けることをやめようとする、最初の課税期間の初日と末日を記入します。

B. 「①の基準期間」欄には、「この届出の適用開始課税期間」として記入した課税期間の基準期間に当たる期間の初日と末日を記入します。

C. 「②の課税売上高」欄には、「①の基準期間」として記入した基準期間の課税売上高の金額を記入します。

(注)「課税資産の譲渡等の対価の額の合計額」は、消費税額及び地方消費税額を含まない金額をいいます。輸出取引に係る売上高を含み、売上げに係る対価の返還等の金額（税抜き）は含みません。

課税資産の譲渡等の対価の額
　輸出免税等となるものを含む

課税資産の譲渡等の対価の額の合計額（課税売上高）

なお、基準期間が1年に満たない法人については、その期間中の課税資産の譲渡等の対価の額の合計額をその期間の月数で除し、これを12倍した金額を記載して下さい。

D. 「簡易課税制度の適用開始日」欄には、過去に提出した「消費税簡易課税制度選択届出書」の効力が生じて、簡易課税の適用が開始した日を記入します。つまり、選択届出書の「適用開始課税期間」の欄に記入した初日の日付を記入することになります。

第3編　届出書・申請書の様式と記入すべき事項

E．「事業を廃止した場合の廃止した日」欄には、事業を廃止したため
　に選択不適用届出書を提出する場合には、ここに事業を廃止した日付
　を記入します。

F．「参考事項」欄には、その他の参考となる事項等があれば記入します。

第34号様式

消費税簡易課税制度選択（不適用）
届出に係る特例承認申請書

2通提出

※ 法人番号は、税務署提出用2通の内1通のみに記載してください。

収受印			
令和　年　月　日	申請者	（フリガナ）	オオサカシ　チュウオウク　カワラマチ　○-○-○
		納　税　地	（〒 541 － 0048 ） 大阪市中央区瓦町○-○-○ （電話番号 06 － ×× － ×× ）
		（フリガナ）	カブシキガイシャ　ケイエイシエンセンター
東　税務署長殿		氏名又は 名称及び 代表者氏名	株式会社 経営支援センター 田中 五郎　　　　　　　　　　印
		法人番号	※ 個人の方は個人番号の記載は不要です。 7 8 9 0 1 2 3 4 5 6 7 8 9

　下記のとおり、消費税法施行令第57条の2第1項又は第2項に規定する届出に係る特例の承認を受けたいので申請します。

届出日の特例の承認を受けようとする届出書の種類	Ⓐ	☑ ①　消費税簡易課税制度選択届出書 □ ②　消費税簡易課税制度選択不適用届出書 【届出書提出年月日 ：　平成 　　　　　　　　　　　　令和　　　年　　月　　日】
特例規定の適用を受けようとする（受けることをやめようとする）課税期間の初日及び末日	Ⓑ	自　平成 　　令和　2 年 4 月 1 日　　至　平成 　　　　　　　　　　　　　　　令和　3 年 3 月 31 日 （②の届出の場合は初日のみ記載します。）
上記課税期間の基準期間における課税売上高	Ⓒ	35,426,952　円
上記課税期間の初日の前日までに提出できなかった事情	Ⓓ	令和2年3月28日に海外出張から帰国予定であった代表者の パスポートが盗難に遭い帰国が遅れたため
事　業　内　容　等	Ⓔ	（①の届出の場合の営む事業の種類） 経営コンサルタント業	税理士 署名押印	印 （電話番号　　 － 　 － 　 ）
参　　考　　事　　項	Ⓕ	4月1日に帰国した		

※　上記の申請について、消費税法施行令第57条の2第1項又は第2項の規定により、上記の届出書が特例規定の適用を受けようとする（受けることをやめようとする）課税期間の初日の前日（平成
令和　年　月　日）に提出されたものとすることを承認します。

第　　　号
令和　年　月　日　　　　　　　　　　　税務署長　　　　　　印

※税務署処理欄	整理番号		部門番号		みなし届出年月日	年　月　日	番号確認	
	申請年月日	年　月　日	入力処理	年　月　日	台帳整理	年　月　日		

注意　1．この申請書は、2通提出してください。
　　　2．※印欄は、記載しないでください。

—236—

第3編　届出書・申請書の様式と記入すべき事項

■【第34号様式　消費税簡易課税制度選択（不適用）届出に
係る特例承認申請書】

⇒この申請書の解説は55ページを参照

（注意点）　この様式の届出者の番号欄は、法人の場合のみ記載して下さい。
届出者が個人の場合は、個人番号（マイナンバー）の記載は不要です。

A.「届出日の特例の承認を受けようとする届出書の種類」欄には、こ
の申請書により届出日の特例承認を受けようとする届出書を記載しま
す（該当する届出書の□に✓を付します。）。

B.「特例規定の適用を受けようとする（受けることをやめようとする）
課税期間の初日及び末日」欄には、この申請により届出日の特例承認
を受けたとした場合に、Aで選択した届出書の効力が発生することと
なる課税期間の初日及び末日を記載します。

　なお、Aで選択した届出書の種類が「消費税簡易課税制度選択不適
用届出書（第25号様式）」である場合には、初日のみ記載します。

C.「上記課税期間の基準期間における課税売上高」欄には、基準期間
における「課税資産の譲渡等の対価の額の合計額」を記載します。

（注）「課税資産の譲渡等の対価の額の合計額」は、消費税額及び地方消費税額を
含まない金額をいいます。輸出取引に係る売上高を含み、売上げに係る対価
の返還等の金額（税抜き）は含みません。

課税資産の譲渡等の対価の額
輸出免税等となるものを含む

｝ 課税資産の譲
渡等の対価の
額の合計額
（課税売上高）

　なお、基準期間が1年に満たない法人については、その期間中の課
税資産の譲渡等の対価の額の合計額をその期間の月数で除し、これを
12倍した金額を記載して下さい。

D.「上記課税期間の初日の前日までに提出できなかった事情」欄には、

—237—

課税期間の初日の前日までに提出できなかった事情を具体的に記載します。

　なお、当該欄に記載しきれない場合には、適宜な用紙に記載し、添付することになります（以下D、Eについても同じ）。

E.「事業内容等」欄には、営む事業の内容を具体的に記載します。

　なお、Aで選択した届出書の種類が「消費税簡易課税制度選択届出書（第24号様式）」である場合には、簡易課税制度の第一種事業から第六種事業の6種類の事業区分のうち、該当する事業の種類を併せて記載します。

F.「参考事項」欄には、その他参考となる事項等を記載します。

One Point Advice!

　「消費税簡易課税制度選択（不適用）届出に係る特例承認申請書」は、届出書とは異なり、提出すれば認められるものではなく、納税者が課税当局に申請して課税当局が承認してはじめて同時に提出する他の届出書が有効になるものです。

　税務署長の承認を受けた場合には、その適用（不適用）を受けようとする課税期間の初日の前日にその届出書を提出したものとみなされます。

第3編　届出書・申請書の様式と記入すべき事項

第35号様式

災害等による消費税簡易課税制度選択（不適用）届出に係る特例承認申請書

（災　害）

2通提出

※ 法人番号は、税務署提出用2通の内1通のみに記載してください。

令和　年　月　日	（フリガナ）	オオサカシ チュウオウク カワラマチ ○-○-○
申請者	納　税　地	（〒 541 − 0048 ） 大阪市中央区瓦町○-○-○ （電話番号 06 - ×× - ×× ）
	（フリガナ）	カブシキガイシャ ヤマモトコウギョウ
	氏名又は 名称及び 代表者氏名	株式会社 山本工業 山本 三郎　　　　　　　　　印
＿＿東＿＿税務署長殿	法人番号	※ 個人の方は個人番号の記載は不要です。 8 9 0 1 2 3 4 5 6 7 8 9 0

収受印

下記のとおり、消費税法第37条の2第1項又は第6項に規定する災害等による届出に係る特例の承認を受けたいので申請します。

届出日の特例の承認を受けようとする届出書の種類	Ⓐ	□　① 消費税簡易課税制度選択届出書 ☑　② 消費税簡易課税制度選択不適用届出書
選択被災課税期間又は 不適用被災課税期間	Ⓑ	自　平成／令和 2 年 4 月 1 日　至　平成／令和 ＿＿年＿月＿日 （②の届出の場合は初日のみ記載します。）
上記課税期間の基準期間における課税売上高	Ⓒ	48,769,532 円
イ 発生した災害その他やむを得ない理由 ロ 被害の状況 ハ 被害を受けたことにより特例規定の適用を受けることが必要となった事情 ニ 災害等の生じた日及び災害等のやんだ日	Ⓓ	イ　火災 ロ　主要な機械の焼失 ハ　機械の新規取得のため簡易課税制度をとりやめたい。 ニ　（生じた日）　　　　　　（やんだ日） 　　平成／令和 2 年 11 月 20 日　平成／令和 2 年 11 月 20 日
事　業　内　容　等	Ⓔ	（①の届出の場合の営む事業の種類） 工業部品製造業
参　考　事　項		税理士署名押印　　　　　　　印 （電話番号 　-　-　）

※ 上記の申請について、消費税法第37条の2第1項又は第6項の規定により、上記の届出書が特例規定の適用を受けようとする（受けることをやめようとする）課税期間の初日の前日（ 平成／令和 　年　月　日 ）に提出されたものとすることを承認します。

＿＿＿＿＿第＿＿＿＿＿号
令和　年　月　日　　　　　　　　　　　税　務　署　長　　　　　　　印

※税務署処理欄	整理番号		部門番号		みなし届出年月日	年　月　日
	申請年月日	年　月　日	入力処理	年　月　日	台帳整理	年　月　日
	通信日付印	確認印				
	年　月　日					

注意　1．この申請書は、2通提出してください。
　　　2．※印欄は、記載しないでください。

—239—

【第35号様式　災害等による消費税簡易課税制度選択（不適用）届出に係る特例承認申請書】

⇒この申請書の解説は56-57ページを参照

（注意点） この様式の届出者の番号欄は、法人の場合のみ記載して下さい。
届出者が個人の場合は、個人番号（マイナンバー）の記載は不要です。

A. 「届出日の特例の承認を受けようとする届出書の種類」欄には、この申請書により届出日の特例承認を受けようとする届出書を記載します（該当する届出書の□に✓を付します。）。

B. 「選択被災課税期間又は不適用被災課税期間」欄には、この申請により届出日の特例承認を受けたとした場合に、上記Aの届出書の効力が発生することとなる課税期間の初日及び末日を記載します。

　　なお、上記Aの届出書の種類が「消費税簡易課税制度選択不適用届出書（第25号様式）」である場合には、初日のみ記載します。

C. 「上記課税期間の基準期間における課税売上高」欄には、基準期間における「課税資産の譲渡等の対価の額の合計額」を記載します。

　（注）「課税資産の譲渡等の対価の額の合計額」は、消費税額及び地方消費税額を含まない金額をいいます。輸出取引に係る売上高を含み、売上げに係る対価の返還等の金額（税抜き）は含みません。

課税資産の譲渡等の対価の額
輸出免税等となるものを含む

}　課税資産の譲渡等の対価の額の合計額（課税売上高）

　　なお、基準期間が1年に満たない法人については、その期間中の課税資産の譲渡等の対価の額の合計額をその期間の月数で除し、これを12倍した金額を記載して下さい。

D. 「イ　発生した災害その他やむを得ない理由」等の欄には、イ、ロ、ハ、ニの理由、状況等について記載します。

—240—

第3編　届出書・申請書の様式と記入すべき事項

　　なお、当該欄に記載しきれない場合には、適宜な用紙に記載し、添付してください（以下同じ。）。

（例）　イ　○○地震

　　　　ロ　工場建物の倒壊（○○市××町）

　　　　ハ　倒壊した工場再建築のため簡易課税制度をとりやめたい

E．「事業内容等」欄には、営む事業の内容を具体的に記載します。

　　なお、上記Aの届出書の種類が「消費税簡易課税制度選択届出書（第24号様式）」である場合には、簡易課税制度の第一種事業から第六種事業の6種類の事業区分のうち、該当する事業の種類を併せて記載します。

F．「参考事項」欄には、その他参考となる事項等を記載します。

第13号様式

Ⓐ 選 択

消費税課税期間特例 ⎰選択⎱ 届出書
変更

	（フリガナ）	オオサカシ チュウオウク カワラマチ ○-○-○
令和　年　月　日		（〒 541 － 0048 ）
届	納 税 地	大阪市中央区瓦町○-○-○
		（電話番号 06 － ×× － ×× ）
出	（フリガナ）	カブシキガイシャ オオサカショウジ
	氏 名 又 は名 称 及 び代 表 者 氏 名	株式会社　大阪商事
者		佐藤　次郎　　　　　　　　　　　　印
東　税務署長殿	法 人 番 号	※ 個人の方は個人番号の記載は不要です。 2 3 4 5 6 7 8 9 0 1 2 3 4

　下記のとおり、消費税法第19条第1項第3号、第3号の2、第4号又は第4号の2に規定する
課税期間に短縮又は変更したいので、届出します。

事 業 年 度	Ⓑ	自　4　月　1　日　　　　　至　3　月　31　日
適 用 開 始 日又 は 変 更 日	Ⓒ	平成令和　3　年　10　月　1　日

適 用 又 は 変 更 後 の課 税 期 間 Ⓓ	三月ごとの期間に短縮する場合	一月ごとの期間に短縮する場合	
		月　日 から	月　日 まで
	4 月 1 日 から 6 月 30 日 まで	月　日 から	月　日 まで
		月　日 から	月　日 まで
		月　日 から	月　日 まで
	7 月 1 日 から 9 月 30 日 まで	月　日 から	月　日 まで
		月　日 から	月　日 まで
		月　日 から	月　日 まで
	10 月 1 日 から 12 月 31 日 まで	月　日 から	月　日 まで
		月　日 から	月　日 まで
		月　日 から	月　日 まで
	1 月 1 日 から 3 月 31 日 まで	月　日 から	月　日 まで
		月　日 から	月　日 まで

変更前の課税期間特例選択・変更届出書の提出日	Ⓔ	平成令和　　　年　　　　　月　　　　　日
変更前の課税期間特例の適用開始日	Ⓕ	平成令和　　　年　　　　　月　　　　　日
参 考 事 項	Ⓖ	
税 理 士 署 名 押 印		印（電話番号　　　　－　　　－　　　　）

※税務署処理欄	整理番号		部門番号		番号確認			
	届出年月日	年　月　日	入力処理	年　月　日	台帳整理	年　月　日		
	通信日付印	年　月　日	確認印					

注意　1．裏面の記載要領等に留意の上、記載してください。
　　　2．税務署処理欄は、記載しないでください。

—242—

第3編　届出書・申請書の様式と記入すべき事項

【第13号様式　消費税課税期間特例選択・変更届出書】
⇒この届出書の解説は58-59ページを参照

(注意点)　この様式の届出者の番号欄は、法人の場合のみ記載して下さい。
届出者が個人の場合は、個人番号（マイナンバー）の記載は不要です。

A．「タイトル」については、課税期間特例の適用を「選択」するのか「変更」するのか、該当する方を○で囲みます（前頁の記載例は「選択」のケースとなります。）。

B．「事業年度」欄には、法人の事業年度を記入します。個人事業者の場合は、記載する必要はありません。

C．「適用開始日又は変更日」欄には、特例の選択により適用を開始する課税期間の初日又は特例の変更により適用を開始する課税期間の初日を記入します。

・平成29年10月1日から3か月ごとの課税期間の短縮を受けるために8月31日に「消費税課税期間特例選択・変更届出書」を提出した法人（3月決算法人）の場合

・消費税の確定申告は、①、②及び③の各課税期間ごとに行うこととなります。
　なお、この記入例のように年又は事業年度の途中でこの適用を受けた場合には、課税期間の初日（4月1日）から適用開始の日の前日（9月30日）までの期間については、これを一課税期間（①の6

—243—

か月間）とみなして確定申告等を行うことになります。

D. 「適用又は変更後の課税期間」欄には、特例の適用により短縮される課税期間を、以下のとおり記入します。

・個人事業者の場合

　1月1日を初日として、課税期間を1か月ごとにする場合は1か月ごと、3か月ごとにする場合は3か月ごとに区分した期間を記入します。

・法人の場合

　事業年度の開始日を初日として、課税期間を1か月ごとにする場合は1か月ごと、3か月ごとにする場合は3か月ごとに区分した期間を記入します。

（例：3か月ごとの期間に短縮する場合の課税期間）

① 個人事業者の場合	② 法人の場合（9月決算）
1月1日から3月31日まで	10月1日から12月31日まで
4月1日から6月30日まで	1月1日から3月31日まで
7月1日から9月30日まで	4月1日から6月30日まで
10月1日から12月31日まで	7月1日から9月30日まで

E. 「変更前の課税期間特例選択・変更届出書の提出日」欄には、既に課税期間特例の適用を受けている事業者が、特例の変更をする場合に、変更前に受けていた課税期間特例に係る「消費税課税期間特例選択・変更届出書」の提出日を記入します。

F. 「変更前の課税期間特例の適用開始日」欄には、既に課税期間特例の適用を受けている事業者が、特例の変更をする場合に、変更前に受けていた課税期間特例に係る「消費税課税期間特例選択・変更届出書」の効力が発生し、適用を開始した日を記入します。つまり、選択・変更届出書の「適用開始日又は変更日」欄に記入した日付を記入

第3編　届出書・申請書の様式と記入すべき事項

することになります。

G.「参考事項」欄には、その他の参考となる事項等があれば記入します。

One Point Advice!

　3か月特例を1か月特例に、又は1か月特例を3か月特例に変更する場合も、「消費税課税期間特例選択・変更届出書」を納税地の所轄税務署長に提出する必要があります。この場合の提出時期は、変更しようとする短縮に係る課税期間の初日の前日までです。

　なお、原則2年間以上継続した後でなければ、他の課税期間特例に変更することはできません（消法19⑤）。

第14号様式

消費税課税期間特例選択不適用届出書

収受印

令和　年　月　日	届出者	（フリガナ）	トウキョウト チヨダク カスミガセキ ○-○-○
		納税地	（〒 100 － 0013 ） 東京都千代田区霞が関○-○-○ （電話番号 03 － ×× － ×× ）
		（フリガナ）	カブシキガイシャ トウキョウショウジ
		氏名又は 名称及び 代表者氏名	株式会社　東京商事 鈴木　太郎　　　　　　　　　　　印
麹町　税務署長殿		法人番号	※ 個人の方は個人番号の記載は不要です。 1 2 3 4 5 6 7 8 9 0 1 2 3

　下記のとおり、課税期間の短縮の適用をやめたいので、消費税法第19条第3項の規定により届出します。

事 業 年 度	Ⓐ 自 4 月 1 日　　　　　　至 3 月 31 日
特例選択不適用 の　開　始　日	Ⓑ　平成 　　令和　　2 年　10 月　1 日

短縮の適用を受けていた課税期間 Ⓒ	三月ごとの期間に短縮していた場合	一月ごとの期間に短縮していた場合			
		月	日 から	月	日 まで
	4 月 1 日 から 6 月 30 日 まで	月	日 から	月	日 まで
		月	日 から	月	日 まで
		月	日 から	月	日 まで
	7 月 1 日 から 9 月 30 日 まで	月	日 から	月	日 まで
		月	日 から	月	日 まで
		月	日 から	月	日 まで
	10 月 1 日 から 12 月 31 日 まで	月	日 から	月	日 まで
		月	日 から	月	日 まで
		月	日 から	月	日 まで
	1 月 1 日 から 3 月 31 日 まで	月	日 から	月	日 まで
		月	日 から	月	日 まで

選択・変更届出書の提出日	Ⓓ　平成 　　令和　　30 年　5 月　30 日
課税期間短縮・変更 の　適用開始日	Ⓔ　平成 　　令和　　30 年　7 月　1 日
事業を廃止した 場合の廃止した日	Ⓕ　平成 　　令和　　年　月　日 個人番号 ※ 事業を廃止した場合には記載してください。
参　考　事　項	Ⓖ
税理士署名押印	印 （電話番号　　－　　－　　）

※ 税 務 署 処 理 欄	整理番号		部門番号				
	届出年月日	年　月　日	入力処理	年　月　日	台帳整理	年　月　日	
	通信日付印 年　月　日	確認印	番号確認	身元確認	□ 済 □ 未済	確認書類	個人番号カード／通知カード・運転免許証 その他（　　　　　　　）

注意　1．裏面の記載要領等に留意の上、記載してください。
　　　2．税務署処理欄は、記載しないでください。

第３編　届出書・申請書の様式と記入すべき事項

【第14号様式　消費税課税期間特例選択不適用届出書】
⇒この届出書の解説は60-61ページを参照

(注意点)　この様式の届出者の番号欄は、法人の場合のみ記載して下さい。
届出者が個人の場合は、個人番号（マイナンバー）の記載は不要です。

A.「事業年度」欄には、法人の事業年度を記入します。個人事業者の
場合は、記載する必要はありません。

B.「特例選択不適用の開始日」欄には、この届出書を提出することに
より課税期間特例の適用を受けることをやめようとする最初の課税期
間の初日を記入します。

C.「短縮の適用を受けていた課税期間」欄には、特例の適用により短
縮されていた課税期間を、以下のとおり記入します（第13号様式の解
説・243ページ参照）。

　・個人事業主の場合

　　　１月１日を初日として、課税期間を１か月ごとにしていた場合は
　　　１か月ごと、３か月ごとにしていた場合は３か月ごとに区分した期
　　　間を記入します。

　・法人の場合

　　　事業年度の開始日を初日として、課税期間を１か月ごとにしてい
　　　た場合は１か月ごと、３か月ごとにしていた場合は３か月ごとに区
　　　分した期間を記入します。

D.「選択・変更届出書の提出日」欄には、現在適用を受けている課税
期間特例に係る消費税課税期間特例選択・変更届出書の提出日を記入
します。

E.「課税期間短縮・変更の適用開始日」欄には、現在適用を受けてい

—247—

る課税期間特例に係る「消費税課税期間特例選択・変更届出書」の効力が発生し、適用を開始した日を記入します。つまり、選択・変更届出書の「適用開始日又は変更日」欄に記入した日付を記入することになります。

F．「事業を廃止した場合の廃止した日」欄には、事業を廃止したために選択不適用届出書を提出する場合には、ここに事業を廃止した日付を記入します。

G．「参考事項」欄には、その他の参考となる事項等があれば記入します。

One Point Advice!

年又は事業年度の途中で課税期間の特例の適用を受けることをやめた場合には、その適用しないこととした課税期間の開始日以後、その年の12月31日（個人事業主の場合）又はその事業年度の終了する日（法人の場合）までが一課税期間となります（消法19④）。

・令和2年10月1日から3か月ごとの課税期間の短縮をやめるために8月31日に「消費税課税期間特例選択不適用届出書」を提出した法人（3月決算法人）の場合

・消費税の確定申告は、①、②及び③の各課税期間ごとに行うこととなります。

第3編　届出書・申請書の様式と記入すべき事項

第22号様式

消 費 税 課 税 売 上 割 合 に
準 ず る 割 合 の 適 用 承 認 申 請 書

2通提出

※ 法人番号は、税務署提出用2通の内1通のみに記載してください。

収受印

令和　年　月　日	申請者	（フリガナ）	オオサカシ　ナニワク　ニホンバシ　○-○-○
			（〒 556 － 0011 ）
		納　税　地	大阪市浪速区日本橋○-○-○
			（電話番号　06 － ×× － ×× ）
		（フリガナ）	カブシキガイシャ　ナニワケンセツコウギョウ
浪速 税務署長殿		氏 名 又 は 名 称 及 び 代 表 者 氏 名	株式会社　浪速建設工業 　　　山田　一郎　　　　　　　　　　印
		法 人 番 号	※ 個人の方は個人番号の記載は不要です。 4 5 6 7 8 9 0 1 2 3 4 5 6

　下記のとおり、消費税法第30条第3項第2号に規定する課税売上割合に準ずる割合の適用の承認

を受けたいので、申請します。

採用しようとする計算方法	Ⓐ	介護事業部門と不動産賃貸業部門を別々に計算しているため、事業部門毎の課税売上割合により計算する方法。
その計算方法が合理的である理由	Ⓑ	事業の形態が異なるので、全社で課税売上割合を算出するのは不合理なため。

本来の課税 売 上 割 合 Ⓒ	課税資産の譲渡等の 対価の額の合計額	82,593,512 円	左記の割合 の算出期間 Ⓓ	自 平成 　令和 2 年 7 月 1 日
	資産の譲渡等の 対価の額の合計額	102,513,216 円		至 平成 　令和 3 年 6 月 30 日

参 考 事 項 Ⓔ	

税 理 士 署 名 押 印	印 （電話番号　　　－　　　－　　　）

※　上記の計算方法につき消費税法第30条第3項第2号の規定により承認します。

_____ 第 _____ 号

令和 ___ 年 ___ 月 ___ 日　　　　　　　　税務署長 _____ 印

※ 税 務 署 処 理 欄	整理番号		部門 番号		適用開始年月日		年　　月　　日		番号 確認	
	申請年月日	年　月　日	入力処理	年　月　日	台帳整理		年　月　日			

注意　1．この申請書は、裏面の記載要領等に留意の上、2通提出してください。
　　　2．※印欄は、記載しないでください。

【第22号様式　消費税課税売上割合に準ずる割合の適用承認申請書】

⇒この申請書の解説は62-64ページを参照

（注意点）　この様式の届出者の番号欄は、法人の場合のみ記載して下さい。
届出者が個人の場合は、個人番号（マイナンバー）の記載は不要です。

A.「採用しようとする計算方法」欄には、この申請により採用しようとする課税売上割合に準ずる割合について、その適用対象（事業の種類ごと、費用の種類ごと、事業場ごとなど）及びその計算方法（従業員数割合、床面積割合など）について具体的に記入します。

　　また、本来の課税売上割合と併用する場合には、その適用関係を具体的に記入します。なお、この欄に書ききれない場合には、別紙に記載して添付して下さい。

B.「その計算方法が合理的である理由」欄には、採用しようとする計算方法が合理的であると判断する理由について、具体的に記入します。なお、この欄に書ききれない場合には、別紙に記載して添付して下さい。

C.「本来の課税売上割合」欄には、上段には、この申請書の提出日の属する課税期間の直前の課税期間における、課税資産の譲渡等の対価の額の合計額を記入します。

　　下段には、上段と同じ課税期間における、資産の譲渡等の対価の額の合計額を記入します。

D.「左記の割合の算出期間」欄には、この申請書の提出日の属する課税期間の直前の課税期間の初日と末日を記入します。

E.「参考事項」欄には、その他の参考となる事項等があれば記入します。

—250—

第3編　届出書・申請書の様式と記入すべき事項

One Point Advice! (1)

税務署長の承認と適用時期の留意点

① 課税売上割合に準ずる割合の承認を受けようとする事業者は、「消費税課税売上割合に準ずる割合の適用承認申請書」を納税地を所轄する税務署長に提出しなければならないとされています。

② 税務署長は、この申請書の提出があった場合には、遅滞なく、これを審査し、その申請に係る課税売上割合に準ずる割合を用いて計算することを承認し、又はその申請に係る課税売上割合に準ずる割合が合理的に算出されたものでないと認めるときは、その申請を却下することになります。この承認又は却下の処分は、事業者に対し、書面により通知されることになります。

③ 承認又は却下の処分があった場合には、その処分のあった日の属する課税期間以後の各課税期間について効果が生じることになります。

④ その課税期間中に承認されるように、審査の時間を考慮して、申請書を提出する必要があるので、この点は特に注意して下さい。

⑤ 継続適用の強制はないため、一課税期間適用して、翌課税期間に「消費税課税売上割合に準ずる割合の不適用届出書」を提出すれば、その翌課税期間から不適用となります。

⑥ 承認を受けた計算方法について、その適用対象及び適用する課税売上割合に準ずる割合を変更しようとする場合には、新たな申請書を提出してその適用について承認を受けることになります。

　この場合には、既に承認を受けている計算方法について、「消費税課税売上割合に準ずる割合の不適用届出書（第23号様式）」を併せて提出する必要があります。

—251—

One Point Advice! (2)

土地の譲渡があった場合の課税売上割合に準ずる割合の承認申請の検討

(1) 土地の譲渡があった場合の留意点

　土地の譲渡は非課税とされており、その譲渡対価は消費税法第30条第6項に規定する課税売上割合の計算上資産の譲渡等の対価に含まれますが、土地の譲渡に伴う課税仕入れの額はその譲渡金額に比し一般的に少額であることから、課税売上割合を適用して仕入れに係る消費税額を計算した場合には、事業の実態を反映しないことがあります。

　そこで、たまたま土地の譲渡対価の額があったことにより課税売上割合が減少する場合で、課税売上割合を適用して仕入れに係る消費税額を計算すると当該事業者の事業の実態を反映しないと認められるときは、課税売上割合に準ずる割合の承認を受けることができる取扱いが認められています。

(2) 適用要件と計算方法

　土地の譲渡が単発のものであり、かつ、当該土地の譲渡がなかったとした場合には、事業の実態に変動がないと認められる場合に限り、次の①又は②の割合のいずれか低い割合により課税売上割合に準ずる割合の承認を与えることとして差し支えないとされています。

① 　当該土地の譲渡があった課税期間の前3年に含まれる課税期間の通算課税売上割合（消費税法施行令第53条第3項《通算課税売上割合の計算方法》に規定する計算方法により計算した割合をいう。）

② 　当該土地の譲渡があった課税期間の前課税期間の課税売上割合

（注意点）

1 　土地の譲渡がなかったとした場合に、事業の実態に変動がないと認められる場合とは、事業者の営業の実態に変動がなく、かつ、過去3年間で最も高い課税売上割合と最も低い課税売上割合の差が5

％以内である場合とされています。

2　課税売上割合に準ずる割合は、承認を受けた日の属する課税期間から適用となります。よって、承認審査には一定の期間が必要となりますので、「消費税課税売上割合に準ずる割合の適用承認申請書」は、余裕をもって提出する必要があります。

3　この課税売上割合に準ずる割合の承認は、たまたま土地の譲渡があった場合に行うものですから、当該課税期間において適用したときは、翌課税期間において「消費税課税売上割合に準ずる割合の不適用届出書」を直ちに提出します。なお、提出がない場合には、その承認を取り消すものとされています。

《国税庁ホームページより一部抜粋》

Check Point!

　たまたま土地の譲渡があり非課税売上の割合が多くなった課税期間中に提出する「消費税課税売上割合に準ずる割合の適用承認申請書」と翌課税期間に直ちに提出する「消費税課税売上割合に準ずる割合の不適用届出書」の記載例は、254-257ページを参照して下さい。

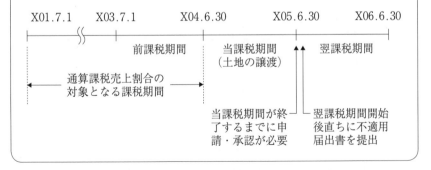

第22号様式

消費税課税売上割合に準ずる割合の適用承認申請書

2通提出

※ 法人番号は、税務署提出用2通の内、1通のみに記載してください。

収受印

令和　年　月　日	申請者	（フリガナ）	オオサカシ　ナニワク　ニホンバシ　○-○-○
		納税地	（〒 556 － 0011 ） 大阪市浪速区日本橋○-○-○ （電話番号　06 － ×× － ×× ）
		（フリガナ）	カブシキガイシャ　キンキケンセツコウギョウ
		氏名又は名称及び代表者氏名	株式会社　近畿建設工業 中村　一郎　　　　　　　　　印
浪速　税務署長殿		法人番号	※ 個人の方は個人番号の記載は不要です。 9 0 1 2 3 4 5 6 7 8 9 0 1

　下記のとおり、消費税法第30条第3項第2号に規定する課税売上割合に準ずる割合の適用の承認を受けたいので、申請します。

採用しようとする計算方法	Ⓐ	下記①又は②のいずれか低い割合 ① 前3年の通算課税売上割合 ② 前課税期間の課税売上割合			
その計算方法が合理的である理由	Ⓑ	土地の譲渡は単発のものであり、当課税期間の事業の実態を反映せず不合理なため。			
本来の課税売上割合　Ⓒ		課税資産の譲渡等の対価の額の合計額	99,950,370 円	左記の割合の算出期間　Ⓓ	自　平成・令和　29 年 7 月 1 日
		資産の譲渡等の対価の額の合計額	102,513,200 円		至　平成・令和　30 年 6 月 30 日
参考事項	Ⓔ	前3年の通算課税売上割合は、96.125％である。			
税理士署名押印		（電話番号　　　－　　　－　　　）　　　印			

※　上記の計算方法につき消費税法第30条第3項第2号の規定により承認します。

　　　　第　　　　　号

　　　　　　　　　　　　　　　　　　税務署長　　　　　　　　印

　令和　　　年　　　月　　　日

※税務署処理欄	整理番号		部門番号		適用開始年月日	年　月　日	番号確認	
	申請年月日	年　月　日	入力処理	年　月　日	台帳整理	年　月　日		

注意　1．この申請書は、裏面の記載要領等に留意の上、2通提出してください。
　　　2．※印欄は、記載しないでください。

第3編　届出書・申請書の様式と記入すべき事項

第23号様式

消費税課税売上割合に
準ずる割合の不適用届出書

収受印				
令和　年　月　日	届	（フリガナ）	オオサカシ　ナニワク　ニホンバシ　○-○-○	
		納　税　地	（〒 556 － 0011 ） 大阪市浪速区日本橋○-○-○ （電話番号　06 － ×× － ×× ）	
	出	（フリガナ）	カブシキガイシャ　キンキケンセツコウギョウ	
		氏 名 又 は 名 称 及 び 代 表 者 氏 名	株式会社　近畿建設工業 中村　一郎　　　　　　　　　　　印	
浪速　税務署長殿	者	法 人 番 号	※ 個人の方は個人番号の記載は不要です。 9　0　1　2　3　4　5　6　7　8　9　0　1	

下記のとおり、課税売上割合に準ずる割合の適用をやめたいので、消費税法第30条第3項の
規定により届出します。

承 認 を 受 け て い る 計 算 方 法	Ⓐ	土地の譲渡があった場合の課税売上割合に準ずる割合により計算する方法
承 認 年 月 日	Ⓑ	平成 令和　1　年　6　月　10　日
こ の 届 出 の 適 用 開 始 日	Ⓒ	平成 令和　1　年　7　月　1　日
参 　考 　事 　項	Ⓓ	
税 理 士 署 名 押 印		印 （電話番号　　　－　　　－　　　）

※ 税 務 署 処 理 欄	整理番号		部門 番号		番号 確認		通 信 日 付 印 年　　月　　日		確 認 印
	申請年月日	年　　月　　日	入力処理	年　　月　　日			台帳整理	年　　月　　日	

注意　1．裏面の記載要領等に留意の上、記載してください。
　　　2．税務署処理欄は、記載しないでください。

【第23号様式　消費税課税売上割合に準ずる割合の不適用届出書】

⇒この届出書の解説は65ページを参照

（注意点）　この様式の届出者の番号欄は、法人の場合のみ記載して下さい。
届出者が個人の場合は、個人番号（マイナンバー）の記載は不要です。

A.「承認を受けている計算方法」欄には、この届出書により適用をやめようとする課税売上割合に準ずる割合の計算方法について、具体的に記入します。

B.「承認年月日」欄には、この届出書により適用をやめようとする課税売上割合に準ずる割合について、承認を受けた日付を記入します。

C.「この届出の適用開始日」欄には、この届出書を提出する日の属する課税期間の初日を記入します。

D.「参考事項」欄には、その他の参考となる事項等があれば記入します。

第３編　届出書・申請書の様式と記入すべき事項

One Point Advice!

　255ページの「消費税課税売上割合に準ずる割合の不適用届出書」の記載例は、254ページのたまたま土地の譲渡があった場合に「消費税課税売上割合に準ずる割合の適用承認申請書」を提出し、承認を受けていた方法をやめる場合のものです。なお、249ページの「消費税課税売上割合に準ずる割合の適用承認申請書」を提出し、承認を受けていた方法をやめる場合の記載事項も同様となります。異なる点は、たまたま土地の譲渡があった場合の適用承認は必ず翌課税期間に直ちに、不適用届出書を提出しなければいけないこととなっている点です。

第1-(1)号様式

【国内事業者用】

適格請求書発行事業者の登録申請書

【1／2】

収受印

平成　年　月　日	申	（フリガナ）	トウキョウト　チヨダク　カスミガセキ　○-○-○
		住 所 又 は 居 所 （法人の場合） 本 店 又 は 主 た る 事 務 所 の 所 在 地	（〒 100 － 0013 ） （法人の場合のみ公表されます） 東京都千代田区霞が関○-○-○ （電話番号　03　－　××　－　××　）
		（フリガナ）	トウキョウト　チヨダク　カスミガセキ　○-○-○
	請	納 税 地	（〒 100 － 0013 ） 東京都千代田区霞が関○-○-○ （電話番号　03　－　××　－　××　）
		（フリガナ）	カブシキガイシャ　トウキョウショウジ
		氏 名 又 は 名 称	株式会社　東京商事　　　　　　　　　　　印
	者	（フリガナ）	スズキ　タロウ
	Ⓐ	（法人の場合） 代 表 者 氏 名	鈴木　太郎　　　　　　　　　　　　　　　印
麹町　税務署長殿		法 人 番 号	1 2 3 4 5 6 7 8 9 0 1 2 3

この申請書に記載した次の事項（◉印欄）は、適格請求書発行事業者登録簿に登載されるとともに、国税庁ホームページで公表されます。
1　申請者の氏名又は名称
2　法人（人格のない社団等を除く。）にあっては、本店又は主たる事務所の所在地
　なお、上記1及び2のほか、登録番号及び登録年月日が公表されます。
　また、常用漢字等を使用して公表しますので、申請書に記載した文字と公表される文字とが異なる場合があります。

　下記のとおり、適格請求書発行事業者としての登録を受けたいので、所得税法等の一部を改正する法律（平成28年法律第15号）第5条の規定による改正後の消費税法第57条の2第2項の規定により申請します。
　※　当該申請書は、所得税法等の一部を改正する法律（平成28年法律第15号）附則第44条第1項の規定により平成35年9月30日以前に提出するものです。

　平成35年3月31日（特定期間の判定により課税事業者となる場合は平成35年6月30日）までにこの申請書を提出した場合は、原則として平成35年10月1日に登録されます。

事 業 者 区 分 Ⓑ	この申請書を提出する時点において、該当する事業者の区分に応じ、□にレ印を付してください。
	☑ 課税事業者　　　　　　　　□ 免税事業者
	※　次葉「登録要件の確認」欄を記載してください。また、免税事業者に該当する場合には、次葉「免税事業者の確認」欄も記載してください（詳しくは記載要領等をご確認ください。）。
平成35年3月31日（特定期間の判定により課税事業者となる場合は平成35年6月30日）までにこの申請書を提出することができなかったことにつき困難な事情がある場合は、その困難な事情　Ⓒ	
税 理 士 署 名 押 印　Ⓓ	印 （電話番号　　　－　　　－　　　）

この申請書は、平成三十三年十月一日から平成三十五年九月三十日までの間に提出する場合に使用します。

※ 税 務 署 処 理 欄	整理 番号		部門 番号		申請年月日	年　月　日	通 信 日 付 印 年　月　日	確認 印
	入力処理	年　月　日	番号 確認		身元 確認	□ 済 □ 未済	確認 書類	個人番号カード／通知カード・運転免許証 その他（　　　　　　　　　）
	登録番号	T						

注意　1　記載要領等に留意の上、記載してください。
　　　2　税務署処理欄は、記載しないでください。
　　　3　この申請書を提出するときは、「適格請求書発行事業者の登録申請書（次葉）」を併せて提出してください。

第3編　届出書・申請書の様式と記入すべき事項

第1−⑴号様式次葉

国内事業者用

適格請求書発行事業者の登録申請書（次葉）

【2／2】

氏 名 又 は 名 称	

該当する事業者の区分に応じ、□にレ印を付し記載してください。

<table>
<tr><td rowspan="11">免税事業者の確認 Ⓔ</td><td colspan="6">□　平成35年10月1日の属する課税期間中に登録を受け、所得税法等の一部を改正する法律
（平成28年法律第15号）附則第44条第4項の規定の適用を受けようとする事業者
※　登録開始日から納税義務の免除の規定の適用を受けないこととなります。</td></tr>
<tr><td>個 人 番 号</td><td colspan="5"></td></tr>
<tr><td rowspan="3">事業内容等</td><td>生年月日（個人）又は設立年月日（法人）</td><td>1明治・2大正・3昭和・4平成

　　年　　月　　日</td><td>法人のみ記載</td><td>事 業 年 度</td><td>自　　　月　　　日
至　　　月　　　日</td></tr>
<tr><td></td><td></td><td></td><td>資 本 金</td><td>　　　　　　　　円</td></tr>
<tr><td>事 業 内 容</td><td colspan="4"></td></tr>
<tr><td colspan="4">□　消費税課税事業者（選択）届出書を提出し、納税義務の免除の
　規定の適用を受けないこととなる課税期間の初日から登録を受け
　ようとする事業者</td><td colspan="2">課 税 期 間 の 初 日
※　平成35年10月1日から平成36年3月31日
　までの間のいずれかの日

平成　　　年　　　月　　　日</td></tr>
</table>

<table>
<tr><td rowspan="6">登録要件の確認 Ⓕ</td><td>課税事業者です。

※　この申請書を提出する時点において、免税事業者であっても、「免税事業者の確認」欄のいずれかの事業者に該当する場合は、「はい」を選択してください。</td><td>☑ はい　□ いいえ</td></tr>
<tr><td>消費税法に違反して罰金以上の刑に処せられたことはありません。
（「いいえ」の場合は、次の質問にも答えてください。）</td><td>☑ はい　□ いいえ</td></tr>
<tr><td>その執行を終わり、又は執行を受けることがなくなった日から2年を経過しています。</td><td>□ はい　□ いいえ</td></tr>
</table>

参 考 事 項	

この申請書は、平成三十三年十月一日から平成三十五年九月三十日までの間に提出する場合に使用します。

—259—

【第1－(1) 号様式　適格請求書発行事業者の登録申請書（国内事業者用)】

※（国外事業者用）は割愛
⇒この届出書の解説は11ページを参照

（注意点)　現在公表されている様式は、新元号（令和）ではなく平成のままになっています。

上記のとおり、適格請求書発行事業者の登録申請書に記載しなければいけない事項は、

A．申請者の住所等、納税地、名称、法人の場合は代表名氏名、法人番号

B．事業者区分（課税事業者と免税事業者のいずれかを選択)

C．令和5年（平成35年）3月31日までに提出できなかった困難な事情がある場合は、その困難な事情の説明

D．税理士署名押印（関与税理士が作成した場合のみ)

E．免税事業者の確認（上記②で免税事業者に該当する場合のみ記入要)

F．登録要件の確認（課税事業者であること、違反履歴　刑の執行等から2年経過の確認)

Check Point!

・受付開始：令和3年10月1日から提出可能です。

・令和5年10月1日から適格請求書発行事業者となるには、令和5年3月31日が申請期限になります。

　なお、特定期間の課税売上が1,000万円を超え、課税事業者となる場合など、困難な事情がある場合は、令和5年9月30日まで申請期限が延長されています。

・免税事業者が適格請求書発行事業者になるには、課税事業者にならな

第3編　届出書・申請書の様式と記入すべき事項

ければなりません。免税事業者が登録を受けると、必然的に課税事業者となります。一度登録をすると登録を取り消さない限り、免税事業者には戻れませんので、注意して下さい。

One Point Advice! (1)

　登録日が令和5年10月1日の属する課税期間中であるか、その翌課税期間以降であるかによって、以下のように登録手続きが違いますので注意して下さい。

①　令和5年10月1日の属する課税期間中の場合

　登録日より適格請求書発行事業者となり、課税事業者となります。この場合、「課税事業者選択届出書」の提出は不要ですが、登録日以降は課税事業者のため消費税の申告が必要です。

②　①の翌課税期間以降の場合

　「課税事業者選択届出書」を提出するとともに、課税期間初日の1か月前までに登録申請をする必要があります。

One Point Advice! (2)

　登録が完了するまでの流れは、以下の通りです。

①　登録申請書を税務署へ提出

②　税務署による審査

③　登録及び公表

④　事業者へ通知書の郵送等

—261—

新消費税法より抜粋 【施行予定日：令和5年（平成35年）10月1日】

第五十七条の二（適格請求書発行事業者の登録等）

　　国内において課税資産の譲渡等を行い、又は行おうとする事業者で
　あつて、第五十七条の四第一項に規定する適格請求書の交付をしよう
　とする事業者（第九条第一項本文の規定により消費税を納める義務が
　免除される事業者を除く。）は、税務署長の登録を受けることができる。

2　前項の登録を受けようとする事業者は、財務省令で定める事項を記
　載した申請書をその納税地を所轄する税務署長に提出しなければなら
　ない。この場合において、第九条第一項本文の規定により消費税を納
　める義務が免除される事業者が、同項本文の規定の適用を受けないこ
　ととなる課税期間の初日から前項の登録を受けようとするときは、政
　令で定める日までに、当該申請書を当該税務署長に提出しなければな
　らない。

3　税務署長は、前項の申請書の提出を受けた場合には、遅滞なく、こ
　れを審査し、第五項の規定により登録を拒否する場合を除き、第一項
　の登録をしなければならない。

4　第一項の登録は、適格請求書発行事業者登録簿に氏名又は名称、登
　録番号その他の政令で定める事項を登載してするものとする。この場
　合において、税務署長は、政令で定めるところにより、当該適格請求
　書発行事業者登録簿に登載された事項を速やかに公表しなければなら
　ない。

5　税務署長は、第一項の登録を受けようとする事業者が、次の各号に
　掲げる場合の区分に応じ当該各号に定める事実に該当すると認めると
　きは、当該登録を拒否することができる。

一　当該事業者が特定国外事業者（国内において行う資産の譲渡等に

係る事務所、事業所その他これらに準ずるものを国内に有しない国外事業者をいう。次号及び次項において同じ。）以外の事業者である場合　当該事業者が、この法律の規定に違反して罰金以上の刑に処せられ、その執行を終わり、又は執行を受けることがなくなつた日から二年を経過しない者であること。

二　当該事業者が特定国外事業者である場合　次に掲げるいずれかの事実

　　イ　消費税に関する税務代理（税理士法（昭和二十六年法律第二百三十七号）第二条第一項第一号（税理士の業務）に掲げる税務代理をいう。次項第二号ハにおいて同じ。）の権限を有する国税通則法第七十四条の九第三項第二号（納税義務者に対する調査の事前通知等）に規定する税務代理人がないこと。

　　ロ　当該事業者が、国税通則法第百十七条第一項（納税管理人）の規定による納税管理人を定めていないこと。

　　ハ　現に国税の滞納があり、かつ、その滞納額の徴収が著しく困難であること。

　　ニ　当該事業者が、次項の規定により第一項の登録を取り消され（次項第二号ホ又はへに掲げる事実のいずれかに該当した場合に限る。）、その取消しの日から一年を経過しない者であること。

　　ホ　当該事業者が、この法律の規定に違反して罰金以上の刑に処せられ、その執行を終わり、又は執行を受けることがなくなつた日から二年を経過しない者であること。

6　税務署長は、次の各号に掲げる適格請求書発行事業者が当該各号に定める事実に該当すると認めるときは、当該適格請求書発行事業者に係る第一項の登録を取り消すことができる。

一　特定国外事業者以外の事業者である適格請求書発行事業者　次に

掲げるいずれかの事実

　イ　当該適格請求書発行事業者が一年以上所在不明であること。

　ロ　当該適格請求書発行事業者が事業を廃止したと認められること。

　ハ　当該適格請求書発行事業者（法人に限る。）が合併により消滅したと認められること。

　ニ　当該適格請求書発行事業者がこの法律の規定に違反して罰金以上の刑に処せられたこと。

二　特定国外事業者である適格請求書発行事業者　次に掲げるいずれかの事実

　イ　当該適格請求書発行事業者が事業を廃止したと認められること。

　ロ　当該適格請求書発行事業者（法人に限る。）が合併により消滅したと認められること。

　ハ　当該適格請求書発行事業者の第四十五条第一項の規定による申告書の提出期限までに、当該申告書に係る消費税に関する税務代理の権限を有することを証する書面（税理士法第三十条（税務代理の権限の明示）（同法第四十八条の十六（税理士の権利及び義務等に関する規定の準用）において準用する場合を含む。）に規定する書面をいう。）が提出されていないこと。

　ニ　当該適格請求書発行事業者（国税通則法第百十七条第一項の規定の適用を受ける者に限る。）が同項の規定による納税管理人を定めていないこと。

　ホ　消費税につき国税通則法第十七条第二項（期限内申告）に規定する期限内申告書の提出がなかつた場合において、当該提出がなかつたことについて正当な理由がないと認められること。

　ヘ　現に国税の滞納があり、かつ、その滞納額の徴収が著しく困難であること。

ト　当該適格請求書発行事業者がこの法律の規定に違反して罰金以上の刑に処せられたこと。

7　税務署長は、第一項の登録又は前二項の処分をするときは、その登録又は処分に係る事業者に対し、書面によりその旨を通知する。

8　適格請求書発行事業者は、第四項に規定する適格請求書発行事業者登録簿に登載された事項に変更があつたときは、その旨を記載した届出書を、速やかに、その納税地を所轄する税務署長に提出しなければならない。

9　税務署長は、前項の規定による届出書の提出を受けた場合には、遅滞なく、当該届出に係る事項を適格請求書発行事業者登録簿に登載して、変更の登録をするものとする。この場合において、税務署長は、政令で定めるところにより、当該変更後の適格請求書発行事業者登録簿に登載された事項を速やかに公表しなければならない。

10　適格請求書発行事業者が、次の各号に掲げる場合に該当することとなつた場合には、当該各号に定める日に、第一項の登録は、その効力を失う。

一　当該適格請求書発行事業者が第一項の登録の取消しを求める旨の届出書をその納税地を所轄する税務署長に提出した場合　その提出があつた日の属する課税期間の末日の翌日（その提出が、当該課税期間の末日から起算して三十日前の日から当該課税期間の末日までの間にされた場合には、当該課税期間の翌課税期間の末日の翌日）

二　当該適格請求書発行事業者が事業を廃止した場合（前条第一項の規定により同項第三号に掲げる場合に該当することとなつた旨を記載した届出書を提出した場合に限る。）　事業を廃止した日の翌日

三　当該適格請求書発行事業者である法人が合併により消滅した場合（前条第一項の規定により同項第五号に掲げる場合に該当すること

となつた旨を記載した届出書を提出した場合に限る。） 当該法人が
合併により消滅した日

11 税務署長は、第六項の規定による登録の取消しを行つたとき、又は
前項の規定により第一項の登録がその効力を失つたときは、当該登録
を抹消しなければならない。この場合において、税務署長は、政令で
定めるところにより、当該登録が取り消された又はその効力を失つた
旨及びその年月日を速やかに公表しなければならない。

12 前各項に定めるもののほか、この条の規定の適用に関し必要な事項
は、政令で定める。

消費税の仕入税額控除制度における適格請求書等保存方式に関する取扱通達

2－4（適格請求書発行事業者の登録の効力）

適格請求書発行事業者の登録は、適格請求書発行事業者登録簿に登載
された日（以下「登録日」という。）からその効力を有するのであるから、
法第57条の2第7項《登録等の通知》による通知を受けた日にかかわら
ず、適格請求書発行事業者は、登録日以後に行った課税資産の譲渡等に
ついて法第57条の4第1項の規定に基づき適格請求書を交付することと
なることに留意する。

(注) 1 登録日から登録の通知を受けた日までの間に行った課税資産
の譲渡等について、既に請求書等の書類を交付している場合には、
当該通知を受けた日以後に登録番号等を相手方に書面等（既に
交付した書類との相互の関連が明確であり、当該書面等の交付
を受ける事業者が同項各号に掲げる事項を適正に認識できるも

第3編　届出書・申請書の様式と記入すべき事項

のに限る。）で通知することにより、これらの書類等を合わせて
適格請求書の記載事項を満たすことができる。

2　適格請求書発行事業者の登録がされた場合、登録日その他の
適格請求書発行事業者登録簿に登載された事項が、インターネ
ットを通じて公表されることとなる。また、適格請求書発行事
業者の登録が取り消された又はその効力を失った場合のその年
月日についても同様である。

【著者略歴】

竹内　綱敏（たけうち　つなとし）

平成4年（1992年）　税理士登録・竹内綱敏税理士事務所開業。
大阪大学大学院法学研究科・博士後期課程単位取得満期退学。
税理士実務と共に大学での講義、税理士会や商工会議所等での
研修会の講師を多数務める。

現在、甲南大学大学院社会科学研究科（経済学専攻）特任教授
〔租税法担当〕

【著書・論文等】

「税理士とその顧問先が気を付けたいマイナンバー取扱いの実
務」
（税務研究会出版局　2015年）
「ヤフー事件最高裁判決（平成28年2月29日）の検討」
（日本税法学会「税法学」576号、2016年）
「法人税における同族会社の行為計算否認規定の今日的意義」
（日本税法学会「税法学」571号、2014年）
「所得税における同族会社の行為計算否認規定の今日的意義」
（日本税法学会「税法学」567号、2012年）
「自己が発行した預託金会員制のゴルフ会員権の低額取得と預
託金額との差額の益金計上の要否」
（月刊税務事例、45巻6号、2013年）　他

本書の内容に関するご質問は、なるべくファクシミリ等、文書で編集部宛に
お願いいたします。（fax 03-6777-3483）
　なお、個別のご相談は受け付けておりません。
- -
　本書刊行後に追加・修正事項がある場合は、随時、当社のホームページ
（https://www.zeiken.co.jp）にてお知らせいたします。

消費税の誤りやすい届出・申請手続の実務対応

平成26年10月25日	初　版　発　行	（著者承認検印省略）
令和元年 9 月13日	第3版　印　刷	
令和元年 9 月20日	第3版　発　行	

© 著者　竹　内　綱　敏

発行所　税 務 研 究 会 出 版 局

代表者　山　根　　　毅

郵便番号100-0005

東京都千代田区丸の内 1 - 8 - 2

（鉄鋼ビルディング）

振替00160 - 3 - 76223

電話〔書　籍　編　集〕03（6777）3463
　　〔書　店　専　用〕03（6777）3466
　　〔書　籍　注　文〕
　　〈お客さまサービスセンター〉03（6777）3450

● 各事業所　電話番号一覧 ●

北海道 011（221）8348	神奈川 045（263）2822	中　国 082（243）3720
東　北 022（222）3858	中　部 052（261）0381	九　州 092（721）0644
関　信 048（647）5544	関　西 06（6943）2251	

＜税研ホームページ＞　https://www.zeiken.co.jp

乱丁・落丁の場合は，お取替え致します。　　印刷・製本　東日本印刷株式会社
ISBN 978-4-7931-2484-6

消費税関係

《2019年7月1日現在》

〔七訂版〕勘定科目別の事例による消費税の課否判定と仕訳処理

上杉 秀文 著／A5判／780頁

定価 **4,500** 円+税

勘定科目別に選定した事例を基に仕訳処理を示し、関連する法人税、所得税等の取扱いも含めてわかりやすく解説。10%税率への対応のほか、収益認識に関する会計基準及び法人税法の改正、平成31年度税制改正まで織り込んで全体的に見直しています。軽減税率の適用、リバースチャージ方式の適用などを中心に新たな事例を追加し、総数854事例を収録。

2019年5月刊

〔改訂版〕消費税の「軽減税率とインボイス制度」完全解説

太田 達也 著／A5判／476頁

定価 **2,500** 円+税

軽減税率制度、区分記載請求書等保存方式、適格請求書等保存方式(インボイス方式)などについて、2018年7月の初版刊行後に公表された最新の法令等に基づき、実務上の対応に必要な事項をできる限り詳説。今版では、軽減税率の対象となる飲食料品の新たな論点や、各種請求書等の具体的な記載方法等について加筆を行っています。

2019年6月刊

「消費税 税率引上げ・軽減税率・インボイス」施行に係る準備と実務

渡辺 章 著／A5判／324頁

定価 **2,000** 円+税

軽減税率制度とインボイス方式について、その制度自体を詳しく解説し、それぞれの制度に潜む問題点を筆者の視点からピックアップしています。これと併せて、新制度導入に向けての準備に関して、検討すべき事項を列挙するとともに、それぞれのポイントをまとめています。

2019年4月刊

ポイントで理解する 消費税改正

椿 隆 著／A5判／252頁

定価 **2,000** 円+税

2019年10月1日から導入される軽減税率制度について、各章の冒頭で改正項目を理解するための「ポイント」を示し、軽減税率制度の立法趣旨等を踏まえて、できる限りわかりやすく簡明に解説するとともに、消費税率引上げ前後の注意点にも言及。

2019年1月刊

税務研究会出版局 https://www.zeiken.co.jp